南明史

錢海岳撰

第四册　表

卷十五至卷二十四

中華書局

南明史卷十五

表第一

無錫錢海岳撰

諸王世表一

明廣建宗藩，子孫世及，既於威宗，益趨蕃衍。北京淪陷，玉牒無存，南京重纂玉牒，繼絶存亡，納賄冒襲，濫恩錯出。福京監國，諭曰：「親親仁民，經垂千古，痛念親枝凋殘，祖宗在天恫瘝，此後親、郡各王宗啟本，遵守祖訓，不繇各衙門，准徑達睿前；報生、請名、封、婚併乞恩澤、乞地方，禮部即與速復；稽延索賄者，以離間親親者治罪。」即位詔曰：「親王三十國，今止有三四矣；郡王數百位，今亦凋殘極矣。將軍中尉小宗更苦。朕追思祖烈，慘然傷心！見在惠王、魯王、益王、淮王、靖江王，禮部速遣官送書、禮問慰，該迎請者審議迎請。郡王小宗，聞朕新立，宗祧有主，速來見朕，共議大報祖恨君仇。其生、名、封、婚，從前衙門婪索，此後一概滌除，仍待得復西北。凡宼殘諸王，必加續封，以慰聖祖在天之鑒。又聞桂王子在梧州，即准嗣封桂王，禮部速具本來行。」又云：「恭炤祖訓，親王有過，天子當面登啟，並不差官，是聖心之以扶蘇爲殷鑒也。嘉靖以後，骨肉多傷，單詞削國，誣枉堪憐。遼王憲㸅、伊王典楧、徽王載埨，俱以薄罪，陷於權臣，着都赦罪，追復王號，賜謚。三王大伸親國，公評惇族，庶風天下。」尋命蔣德璟再纂玉牒。隆武元年八月癸未，頒皇明祖訓。及監國登極親征，詔於諸王、鎮國將軍，各賜白金十兩。召對瀘溪王子慈爌等，及奉新王常漣四從子。十二月，嵩滋王儼鏌、東會王肅潔、瀘溪王子慈爌、延津王常滄來朝。制親王迎駕者，發六十兩。二年六月，大續封諸藩，示篤親親之誼。肇慶嗣統，國勢十去八九，宗正所掌，百無二三，李自成、張獻忠、孫可望封割於前，清兵、緬夷芟夷於後，一時天潢求爲奴虜皂隸而不可得，迨東寧之亡，靡有孑遺矣！清世祖時，雖有親郡王流落者，資送京師廩贍，及鎮國將軍下編籍納租之命，然大抵懼禍，隱遁不出。明史諸王表，於北京亡後，世系不明。今廣爲蒐列，仍以親王至郡王爲止，其餘不得封者，有見則入於諸王傳。

熙祖二子。長仁祖，次壽春王。壽春王四子。曰霍丘王，曰下蔡王，曰安豐王，曰蒙城王。霍丘王一子。曰寶應王。安豐王四子。曰六安王，曰來安王，曰都梁王，曰英山王。皆太祖追封。

仁祖四子。太祖外，曰南昌王，曰盱眙王，曰臨淮王。南昌王二子。曰山陽王，曰文正。盱眙王一子。曰昭信王。皆太祖追封。

太祖二十六子。懿文太子外，皇子楠未封。成祖封燕王，後尊爲帝系，不得仍列之藩封世次。其得封者，秦、晉、周、楚、齊、潭、趙、魯、蜀、湘、代、肅、遼、慶、寧、岷、谷、韓、瀋、安、唐、郢、伊二十三王。而靖江王以南昌王嫡孫受封郡王，附載於後。

秦	愍王	樉	封西安。						
	隱王	尚炳							
	僖王	志堩	懷王	志均	康王	志𡐤			
					惠王	公錫	安王	公銘	
					簡王	誠泳	莊王	誠濴	恭王
							昭王	秉欆	順王
							定王	惟焯	端王
									宣王
									靖王
									敬王

誠潤

秉柎

惟㸂

懷埢

敬鎔

誼湽

肅王

誼滮

景王

存機

王

存樞

萬曆十五年襲，崇禎十六年降李自成，十七年降清。隆武二年五月薨。

永興					
懿簡王	恭憲王	昭僖王	榮惠王	莊定王	恭定王
尚烈	志墣	公鉐	誠瀾	秉櫸	惟爟
					冒封除。
保安					
懷僖王	悼順王	莊簡王	榮穆王		
尚煜	志坰	公鍊	誠潢		
			昭和王		
			誠淥		
			靖和王	恭懿王	
			誠激	秉棧	
				冒封除。	
興平					
恭靖王	莊惠王				
尚炳	志塡				

	永壽	懷簡王	尚灴				
無子，除。		安惠王	志埴				
		康定王	公鋌				
		莊僖王	誠淋				
		恭和王	秉欞				
		懷順王	惟燿				
		榮靖王	懷墡				
		昭憲王	敬鏞				
		王	誼況				
		王	存棷	崇禎十七年陷李自成，薨。	王	存梧	永曆三年襲，十年正月薨。

安定王尚炌廢庶人，除。		
	宜川莊靖王志埰	
	榮順王公鋺	郃陽惠恭王公鏜
	康僖王誠灌	溫穆王誠泓 悼安王誠澮
	思裕王秉楀無子，除。	安僖王秉檄
	王敬鑼永曆六年七月薨。	

		晉 恭王
		定王
		憲王
	汧陽 端懿王 公鐥	莊王
	安裕王 誠洌	靖王
無子，除。	莊靖王 秉榛 無子，除。	懷王
		端王
	崇信王 誼沕 萬曆二十三年封，永曆四年二月薨。	

棡	封太原。	
濟熺		高平 懷簡王 濟熚
美圭		
鍾鉉		
奇源		
表榮	安王 表槏	
知烊	康王 知⿰火節	
	簡王 新㙉	
	敬王 慎鏡 惠王 慎⿰金取	
	穆王 敏淳	
	王 求桂 萬曆四十一年襲，崇禎十七年降李自成，尋降清。隆武二年五月薨。	

無子，除。	平陽王濟熿 發高牆，除。	慶成莊惠王濟炫 封汾州。	寧化懿簡王濟煥
		恭僖王美埥	僖順王美壤
		温穆王鍾鎰	王鍾鈉
		端順王奇湞	悼康王奇濦
		恭裕王表欒	康和王表檏
		安穆王知熑	恭端王知爐
		悼懷王新堤	莊定王新壟
		榮懿王慎鍾	温裕王慎鏊
		王敏菀	王敏濟
		王求掄 萬曆三十八年襲。	

	永和	廣昌
	昭定王濟烺 封汾州。	悼平王濟熇
	王美埸	安僖王美堅 無子，除。
	順僖王鍾鋏	
	榮懷王奇湞	
	靖惠王表格	
	安簡王知燠	
	莊定王新墇	
	恭懿王慎鐳	
萬曆四十四年襲。	王敏霔 萬曆二十九年襲，不知所終。	

交城	榮順王	美垳 封平陽。				
	莊僖王	鍾鑢				
	榮惠王	奇涓	榮僖王	奇滽	恭簡王	奇洢
			榮端王	表杋	端和王	表柛 冒封，除。

陽曲	榮靖王	美垙 封平陽。
	王	鍾鍑 子孫停襲，除。
	王	敏渡 隆武二年八月薨。

西河 靖恭王美埻 封平陽。	順簡王鍾鑠	恭定王奇溯	康懿王表相	王知熢	王新甄 萬曆二十五年襲。			王敏淦 隆武二年八月薨。		
方山 莊憲王美垣	昭僖王鍾鋌 子孫停襲，除。									
臨泉 莊簡王美塎	悼順王鍾鏶	榮穆王奇湒	王表柃	莊靖王知烒 無子，除。						
雲丘										

簡靖王 美堣	寧河 康僖王 美埍		
端惠王 鍾鋋	安憲王 鍾鏤	徐溝 悼僖王 鍾鐸 無子，除。	河東 昭靖王
恭僖王 奇湆	溫簡王 奇澐		榮安王
王 表樟 無子，除。	榮莊王 表楠		恭憲王
	恭懿王 知扃		榮懿王
	定惠王 新睚 無子，除。		端穆王
			安裕王
			王
			王

鍾鏸	太谷懷僖王鍾鉉 無子，除。		
奇淮		義寧榮康王奇漢	河中悼懷王
表枋		僖裕王表槻	康簡王
知炯		端靖王知爀	恭靖王
新墳		康定王新[土鼎]	王
慎鍵		安僖王慎鑠	王
敏漗		王敏漽	王
求杚 萬曆三十四年襲。		王求橘 無子，除。	

奇溶	襄陰 安惠王 奇瀴		
表桲	宣懿王 表楗 無子，除。	安溪 懷僖王 表椈 無子，除。	靖安 康僖王 表柣
知炬			恭懿王 知[火昏]
新塗			王 新[土睘]
慎鑌			王 慎鍛
敏洟 萬曆二十七年襲。			王 敏没

			周 定王 橚
			憲王 有燉
	旌德 懷安王 表栺	滎澤 安懿王 表檈	
	榮穆王 知燩 無子，除。	端簡王 知⿰火量 無子，除。	
萬曆三十年襲。			

封開封。	
簡王 有爝	汝南王 有爋 罪除。
靖王 子垕 懿王 子埅	
惠王 同鑣	
悼王 安㶇	
恭王 睦㰘	
康王 勤熄	
莊王 朝堌	
敬王 在鋌	
端王 肅溱	
王 恭枵 萬曆四十七年襲，崇禎十七年四月薨。	
王 倫奎 弘光元年襲，隆武二年十二月薨。	

順陽懷莊王有烜無子，除。											
新安王有熺罪除。											
永寧靖僖王有光	安惠王子場	莊和王同釾	榮穆王安法	恭定王睦橪	端順王勤燭	敏懿王朝堛	溫簡王在鏜無子，除。				
汝陽恭僖王	安惠王	安和王	康肅王	宣思王	榮定王	莊簡王					

		鎮平			宜陽			遂平
有煽		恭定王	有爌		康簡王	有彿	無子，除。	悼恭王	有熲
子壆		榮莊王	子堠					榮靖王	子墌
同鋞		端裕王	同瓕					恭安王	同鐎
安澓		昭順王	安泭	無子，除。				康穆王	安洛
睦槿								端靖王	睦檗
勤烝								安僖王	勤𤓰
朝諲	無子，除。							惠懿王	朝播
								懷恪王	在鈇
								温裕王	肅湃
								王	恭權
								王	紹焜

	封丘	羅山	內鄉
	康懿王 有熅	悼恭王 有熼 無子，除。	恭莊王 有炯
	溫和王 子⿱封土		懷靖王 子⿰土戔
	僖順王 同銘		溫穆王 同鋘
	端惠王 安湜		溫定王 安潼
	肅安王 睦詠		莊順王 睦檝
	莊靖王 勤炱 無子，除。		端惠王 勤烰
			王 朝⿱巛里
			王 在⿱户金
永曆元年月正薨。			

胙城

莊簡王 有燆

榮順王 子壉

昭僖王 同鏧

宣靖王 安瀏

恭懿王 睦梔

端惠王 勤燇

王 朝堅 無子，除。

萬曆二十九年襲，崇禎十七年，清致北京。

原武

安懿王 子塒

康僖王 同鐵

恭順王 安淇

莊惠王 睦[木頃]

端和王 勤㷍

溫穆王 朝埨

王 在鋽

王 肅沕 永曆二

	鄢陵 安僖王 子塈	河陰 懷僖王 子壿	項城 恭和王
	靖簡王 同鋖	康簡王 同鑣	
	端僖王 安沅	莊定王 安沠	
	恭昭王 睦枸	恭肅王 睦橘	
	王 勤烶	溫恪王 勤炘	
	康懿王 朝縱	王 朝趌 天啟元年襲。	
	莊和王 在稔		
年正月薨。	王 肅汭 天啟元年襲。隆武二年十二月薨。		

子堰 無子，除。	宜陽 悼和王 子垗 無子，除。	潁川 温僖王 子墟
		榮莊王 同鐘
		安惠王 安溜
		恭順王 睦梾
		王 勤㷂
		王 朝壂
		王 在鏶 萬曆三十九年襲，隆武二年降清。

義陽康靖王子圪	汝陰懷懿王子埯無子，除。	臨汝端懿王子塼
榮安王同鍱		恭康王同銜
恭端王安汥		王安洔
莊僖王睦鍱		王睦⿰阝楚萬曆三十二年襲。
王勤黬		
王朝墠永曆十二年七月薨。		王朝壿國亡，不知所終。

沈丘	榮戾王同鏺	靖和王安涪	榮定王睦栲	莊懿王勤熉	王朝啇	王在鍠 萬曆二十三年襲。	
上雒	莊惠王同鍒	榮定王安瀼	康裕王睦櫨	恭靖王勤謶	王朝瞌 萬曆三十二年襲。		
魯陽	恭惠王同鈮	靖肅王安耒	安定王睦杜	莊憲王勤灰	穆懷王朝珙	端懿王在銕	王肅決 萬曆四十六年

	臨湍 榮惠王同鈞	堵陽 安僖王同鉉	河清
	端簡王安瀺	榮憲王安⿰氵⿱罒辟	
	莊毅王睦橥	康裕王睦檯	
	端靖王勤緂 子朝望降奉國將軍，除。	端簡王勤炈	
		恭懿王朝墫	
		王在⿰金⿸广豦 萬曆四十年襲，永曆二年薨。	
襲。			

昭和王　同鑛	新會　恭簡王　同鏻	
端穆王　安沈 莊憲王　安泗	康惠王　安渤	義寧　昭安王　安涘
榮僖王　睦稜	王　睦榕　廢庶人，發高牆，除。	榮懿王　睦欅
王　勤熛　嘉靖三十六年襲。		恭簡王　勤禞
		王　朝墠
		王　在鏓

	平樂王安泛 廢庶人，發高牆，除。	崇善恭順王安涫
		端懿王睦槤
		王勤熾
		王朝墉
萬曆二十二年襲，崇禎十七年，清致北京。		

				無子，除。	
海陽 康隱王 安潼	端康王 睦杲	莊恪王 勤炵	王 朝陛	王 在鎮 萬曆四十四年襲。	
安定 懷簡王 安淛 無子，除。					
曲江 恭和王 安漢	榮定王 睦棆	端靖王 勤爟	王 朝[illegible] 萬曆三		

	博平恭裕王安淢	聊城懷和王安澹無子，除。
	温簡王睦柯	
	端順王勤烪	
十八年襲，崇禎十七年，清致北京。	榮和王朝基	
	王在⿰金甸	
	王肅澳萬曆三十六年襲。	

邵陵	信陵	魯陽	汾西
	懿簡王安滓	康和王安淤	靖安王安漕
	莊安王睦楃	榮安王睦欏	端惠王睦桍
	端和王勤熄無子，除。	康憲王勤炳無子，除。	康懿王勤𤏸
			榮靖王朝埫無子，除。

恭順王 安瀾	萊陽 榮康王 安濇	東會 莊懿王 安瀉
王 睦柠	端定王 睦桄	莊惠王 睦柊
王 勤榮	莊懿王 勤煐	王 勤[illegible]
王 朝[illegible]	王 朝[illegible]	王 朝堡
王 在鉞 永曆七年薨。	王 在錋 萬曆三十年襲。	王 在鎘
		王 肅眔 萬曆四十年襲。 隆武二

	富陽		會稽		浦江
	昭穆王	安濯	康敬王	安藻	懷隱王
	端僖王	睦桴	宣懿王	睦杉	安簡王
	王	勤煋 廢庶人，發高牆，除。	恭裕王	勤遂	康惠王
			王	朝雞 無子，除。	王
					王
年十二月薨。					

安涇	麗水 恭順王 安汾 無子，除。	
睦枏		應城 恭穆王 睦桎
勤燐		端康王 勤燝
朝郢		溫惠王 朝均
在鈫 萬曆四十二年襲。		王 在錠
		王 肅落 萬曆二十二年襲。崇禎十七年，清致北

南陵	奉新	益陽	
南陵	奉新 榮憲王 睦榴	益陽 康定王 睦楮	
	恭僖王 勤烕	恭憲王 勤熤	
	莊靖王 朝挺 王 朝逵 永曆三十七年七月降清。	端裕王 朝壇 無子，除。	
	王 在錝		
	王 肅□ 隆武二年薨。		京。

莊裕王 睦楧 無子，除。			
	京山 温惠王 勤炫	華亭 榮安王 勤熫	寶坻
	安肅王 朝壁	王 朝垣	
	昭憲王 在株	王 在鏥	
	王 肅沛	王 肅澌 萬曆四十年薨。	
	王 恭檏 萬曆二十八年薨。		

端順王 勤炬	湯溪 榮憲王 勤烶	瑞金 榮簡王 勤煥
王 朝炲	簡靖王 朝型	溫靖王 朝壞
王 在鈐 隆慶四年薨。	恭安王 在鎣	端惠王 在鈉
	王 肅濟 萬曆四十二年薨。	王 肅□ 崇禎十七年，清致北京。

商城	臨安	柘城	修武
榮簡王勤烒	王勤烷　無子，除。	端惠王勤烼	
康靖王朝堉		昭定王朝埢	
王在鈛　無子，除。		王在鐕	
		王肅濠　崇禎五年薨。	

	康簡王 勤炷	莊恪王 朝堋	王 在鋗	王 肅瀠	王 恭梱 崇禎十七年，清致北京。
安吉	莊憲王 勤[火劫]	榮順王 朝堤	康和王 在鏊 萬曆三十三年襲。		
汝寧	端恪王 勤然	榮簡王 朝埭	王 在唫	王 肅漾 隆武二	

	彰德 康懿王勤焞	
	王朝墭	順慶 莊惠王朝埴
	王在□ 崇禎十七年，清致北京。	榮簡王在鋽
年四月，清致北京。		王肅澂 天啟元年襲。

保寧	儀封	安昌
恭簡王 朝堵		
端和王 在鍛	恭端王 在鑾	恭惠王 在鉷
王 肅潩	莊簡王 肅溢	王 肅渣
王 恭□	王 恭櫪 萬曆三十二年襲。	王 恭樢
王 紹炟 隆武元年七月降清。		

	遂寧康僖王在鈺		
	王肅滑		
隆武二年六月襲。國亡，不知所終。		洧川王恭榨無子，除。	寧陽王恭儀
			王紹炆

楚 昭王 楨 封武昌。

莊王 孟烷

憲王 季埱 康王

靖王

端王

愍王

恭王

定王

崇禎十七年，清致北京。

仁和 王 紹□ 崇禎十七年封，國亡不知所終。

季埱

均鈋

榮減

顯榕

英燴

華奎　王

華壁　萬曆九年封宣化王，襲封。隆武二年六月薨。

王

華堞　隆武二年四月，魯王封新安王，

巴陵

悼簡王

孟熜

無子，除。

永安

八月襲。

永曆三年六月薨。

王

華廛

永曆三年七月襲，薨。

懿簡王 孟炯	壽昌 安僖王 孟焯	崇陽
莊惠王 季塾	靖和王 季埒	
悼懷王 均鏢	莊穆王 均鐵 無子，除。	
靖懿王 榮澮		
昭定王 顯梧		
恭順王 英焌		
榮惠王 華𡊅 王 華堧 永曆十年四月降清。		
王 蘊鐘		
王 盛落		
王 容析 萬曆三十八年襲。		

靖簡王	孟煒	
莊僖王	季堞	
端懿王	均鐓	
端隱王	榮灑	
王	顯休	罪自盡，除。
王	蘊鈐	隆武元年十一月襲。永曆十一年二月降清。

通山

靖恭王	孟熗			
莊簡王	季垟			
溫惠王	均鏶			
溫定王	榮瀧			
端穆王	顯楀			
莊懿王	英炊			
榮悼王	華埌			
王	蘊鉉		王	蘊鉞
王	盛漢			
王	容枘	萬曆三十九年襲。		

通城 莊靖王 孟燦

榮順王 季增

僖穆王 均鐲

溫惠王 榮渡

懷簡王 顯柜

王 英焀 國亡不知所終。

隆武元年襲，二年十二月薨。 王 蘊釨 永曆二年二月襲。國亡不知所終。

景陵	岳陽	江夏
順靖王 孟炤 無子，除。	悼惠王 孟爠	康靖王 孟炬
	恭僖王 季境 無子，除。	悼順王 季壉
		安惠王 均鋷
		端僖王 榮漠
		莊定王 顯桔
		恭懿王 英[火其]
		王 華塇
		王 蘊鋏 萬曆三十九年襲。永曆

	東安 恭定王季堞	大治 悼僖王季堧 無子，除。	
	昭簡王均鈽		
	恭懿王榮淑		縉雲 懷僖王
	康惠王顯梡		
	王英燧 萬曆二十四年薨。		
十三年閏三月薨。			
	王盛溵 永曆十七年八月薨。		

榮淋
無子，除。

保康

榮康王
顯樟
無子，除。

武岡

王
顯槐

王
英櫍

王
華增
萬曆二十八年襲。國亡不知所終。

宣化

齊
恭王
榑
封青州。奪爵，子

王華壁

漢陽
王蘊鏞
萬曆二十四年襲。

興國
王蘊銑

孫爲庶人，居南京，除。隆武二年四月追謚。	**潭**王 梓 封長沙。自焚，無子，除。	**趙**王

杞
無子，除。

魯

荒王檀
封兗州。

靖王肇煇

惠王泰堪

莊王陽鑄

懷王當漎

悼王健杙

端王觀烷

恭王頤坦

敬王壽鏳
憲王壽鋐
肅王壽鏞

孝王以派
魯王以海
崇禎十七年二月襲。

世子弘甲
隆武元年七月封，二年六月薨。

弘光元年七月監國。
永曆十六年十一月薨。

弘栐
永曆三年八月封。國亡，不知所終。

弘桓
永曆三十七年七月降清。

鉅野

僖順王
泰墱

恭定王
陽鍙

莊憲王
當涵

端肅王
健櫑

惠榮王
觀熠
無子，除。

王
壽銄
隆武中襲，二年

	鄒平 莊靖王泰塍	安丘 靖恭王泰坾
	恭懿王陽鏞	莊簡王陽鐩
	莊定王當潩	榮順王當澻
	榮安王健櫄	端惠王健樸
	恭靖王觀爁	榮恪王觀熑
	康順王頤在	温僖王頤堀 萬曆四十四年襲。
十二月薨。	王壽硂 萬曆三十三年襲。隆武二年六月薨。	王壽鎧
		王以□
		王弘櫍 萬曆四十四年襲。

樂陵	恭惠王	泰壂		東阿	端懿王	泰壄		
	宣懿王	陽錧			悼和王	陽鐔		
					榮靖王	陽鏢		
	端簡王	當漆			康惠王	當澋	無子，除。	東甌
	莊康王	健概						
	恭僖王	觀熻						
	裕穆王	頤㙨						
	王	壽鎬						
	王	以泛	天啟元年襲。永曆三年十月薨。					

端肅王 當沘	郯城康僖王 當滋 無子，除。	館陶宣思王 當涊 無子，除。	翼城恭安王
恭恪王 健楸 無子，除。			康僖王
			王
			王

當澐	滋陽 榮莊王 當瀆	陽信 安僖王
健棉	懷懿王 健樀	安懿王
觀煏	恭裕王 觀煒	榮康王
頤堪 王 頤[illegible] 萬曆三十九年卒。	王 頤垷	恭簡王
	王 以渶 萬曆四十二年襲。永曆四年二月薨。	王
		王
王 弘橺 隆武三年八月薨。		王

當渚	高密康穆王當湄	歸善王
健杜	安簡王健栻	康肅王
觀燃	昭和王觀熯	
頤埔	王頤封　無子，除。	
壽鈔		
以澍		
弘楅　萬曆四十三年襲。永曆四年二月薨。	王弘椅　隆武中襲。二年十二月薨。	

當沍	新蔡 端穆王 當浮		
健柤 無子，除。	昭和王 健梛		
	恭惠王 觀烽		
	王 頤掛 萬曆四十年薨。	東原 温懿王 頤埨	
		王 壽鉠	福安 憲惠王
		王 以源 萬曆四十年襲。	

壽鈔
無子，除。

寧德王
壽鋮
萬曆十一年襲。

長泰
昭和王
壽鏑
無子，除。

永福
溫禧王

								壽鉅					
								無子，除。					

南明史卷十六

表第二

諸王世表二

無錫錢海岳撰

蜀

獻王椿 封成都。

悼莊世子悦燫 和王

靖王友堉 僖王友壝 定王

懷王

悅奐			
友垓			
申鈘	惠王	申鑿	
	昭王	賓瀚	
	成王	讓栩	
	康王	承爚	
	端王	宣圻	
	恭王	奉銓	
	王	至澍	萬曆四十四年襲。崇禎十七年八月薨。
	王	平□	隆武元年十二月襲。國亡不知所終。

華陽	悼隱王	悅燿	封澧州。
	康簡王	友堚	
	悼康王	申烇	
	恭順王	賓浤	
	康僖王	讓核	
	莊靖王	承爝	
	溫懿王	宣墡	
	安惠王	奉鋴	
	王	至㴋	萬曆四十三年襲。永曆元年薨。

崇寧王悅熥無子，除。	崇慶王悅炘無子，除。	永川莊簡王悅烯
		王友堤

未襲，卒。	黔江 悼懷王 友坿 無子，除。	内江 莊懿王 友播
		王 申鉘
		康靖王 賓沚
		王 讓枌
		王 承㷫
		恭穆王 宣墹
		王 奉鍌
		王 至沂 萬曆四十一年襲。國亡不知所終。

德陽	石泉
僖安王友城	榮穆王友墳
恭裕王申銈	恭簡王申鏄
榮康王賓瀗 子夭，除。	康惠王賓清
	王讓機
	王承熉
	王宣垷
	王奉銓 弘光元年閏六月襲。永曆十六年五月薨。
王至濬 永曆十四年正月降清。	

汶川		
懿簡王	友墱	
榮康王	申銷	
恭僖王	賓沙	
王	讓杝	
安惠王	承烔	
王	宣[illegible]	
王	奉鏻	
王	奉鄉	萬曆三十六年襲。

慶符		
恭僖王	友墂	
端順王	申鐓	
恭和王	賓沾	
康定王	讓檥	
王	承炒	
王	宣堃	萬曆四十年襲。國亡不知所終。

南川安靖王申鋸		
王賓瀈		
王讓樨		
王承煣		
王宣耀	江安莊裕王宣址	
王奉鋷	王奉鉁	新寧王奉鉽　未婚，薨，除。
王至湘　萬曆四十五年薨。	王至沂　天啟元年薨。	

東鄉王 奉鐩	隆昌王 奉鏘 萬曆三十一年封，薨。	
王 至蘊 天啟元年襲。		富順王 至深
		王 平⿰木鼎

湘

萬曆四十四年封。

隆武二年十二月襲。永曆三年十一月薨。

太平王至淥　萬曆四十四年封。崇禎十七年八月薨。

獻王 柏 封荊州。自焚，無子，除。	**代** 簡王 桂 封大同。		
	戾王 遜煓		
	隱王 仕壥		
	惠王 成鍊		
	思王 聰沫		
	懿王 俊杖		
	昭王 充燿		
	恭王 廷埼		
	定王 鼐鉉	王 鼐鈞	
		康王 鼎渭	
		王 彝□	
		王 傳㸄	崇禎十七年三月薨。

廣靈			潞城			山陰
榮虛王	孫⿰火民		僖順王	遜⿰火宁		康惠王
莊裕王	仕⿰土兹		安簡王	仕埬		端裕王
順簡王	成⿰金疑		榮安王	成鏂		榮靖王
宣和王	聰漢		宣惠王	聰蒗		僖順王
康定王	俊梘		端憲王	俊梭		王
榮昭王	充⿰火建		康定王	充熀		王
王	廷塒		恭恪王	廷堛		王
王	鼒鈖	王 鼒⿰金覺	王	鼒⿰金寧	萬曆三十六年襲。	
		王 鼎濡 萬曆三十一年襲。				王

遜煁封蒲州。	襄垣 恭簡王遜燂封蒲州。	靈丘 榮順王遜烇
仕堸	王仕壇 安惠王仕坯	僖靖王仕⿰土鼻
成鍪	王成鍨	莊和王成鈠
聰澍	王聰瀺	端懿王聰滆
俊柵	王俊渠冒封，降，除。	康悼王俊格
充熙		悼懿王充熼
廷理		懷僖王廷址
		王鼐鐮
鼐濟永曆三年二月薨。		

封絳州。	宣寧靖莊王	遜炓	懷仁榮定王	遜焨		
	和僖王	仕𣎆	安僖王	仕㙩		
	恭安王	成鈷	恭和王	成鈀		
	康靖王	聰瀻	溫惠王	聰淑	僖康王	聰洌
	昭榮王	俊相			莊簡王	俊榭冒封，除。
	溫簡王	充燦無子，除。				
降庶人，除。						

隰川	懿安王 遜熮 封澤州。	恭僖王 仕燧	莊隱王 成□	康肅王 聰羕	莊惠王 俊柏 無子，除。
昌化		湯憲王 仕墰	榮僖王 成鍰	端襄王 聰澾 無子，除。	
定安			悼隱王 成鏻	王 聰潏	

	博野 悼恭王成鐭	和川 悼僖王成鏝
子孫降封，除。	端和王聰溱	宣懿王聰溜
	莊憲王俊櫍無子，除。	恭惠王俊龒
		□康王充烰
		昭順王廷城
		端簡王鼒鉉
		王鼎柬
		王彝樽萬曆三十三年襲。

寧津				
懷康王	成鉖			
懷莊王	聰滴	溫穆王	聰泠	
		王	俊椽	萬曆三年薨。

棗强		
靖安王	成釪	
康惠王	聰滋	
榮和王	俊棶	
恭懿王	充㸆	
王	廷坑	
王	鼐錞	
王	鼎𣶒	崇禎七年襲。國亡不知所終。

饒陽悼昭王成鍪		
榮昭王聰瀓	樂昌康懿王聰涓	吉陽恭順王聰注
康僖王俊槺	榮簡王俊榀	端惠王俊槿
王充竑 革除。	温靖王充爔	順僖王充[火胃]
	王廷壖	王廷埢 萬曆四十三年襲。
	王鼒鉡 萬曆四十六年襲。	

溧陽	進賢	河内
榮定王聰漧		
恭懿王俊椐	莊惠王俊樻	
王充炅 萬曆八年薨。	恭懿王充炛	莊安王充爔
	王廷培 無子，除。	恭憲王廷埧 無子，除。

富川	寶豐	碭山
富川悼定王充熤	寶豐悼順王充炕無子，除。	碭山悼懷王充炯無子，除。
康簡王廷埣		
王鼒鏈		
王鼎漸萬曆二十六年襲。		

	肅 莊王 楧 封蘭州。
	康王 瞻焰
	簡王 禄埤
	恭王 貢錝
	靖王 真淤
	定王 弼桄 安王 弼柹
	昭王 縉炯 懿王 縉熿
	懷王 紳堵 憲王 紳堯
永慶 懿簡王 鼐鈺	王 識鋐 崇禎十六年月薨。
王 鼎浼	
王 彝棙 崇禎十七年二月薨。	

淳化 端惠王 真泓	鉛山 榮和王 真瀞	金壇 恭裕王 真洵
康穆王 弼果	康裕王 弼榦	王 弼槿
王 縉勳	恭莊王 縉嵡	
王 紳在 萬曆二十三年襲。	王 紳鄘 萬曆三十七年襲。	

	會寧	延長
	莊惠王 真潤	莊懿王 真澋
廢庶人，發高牆，除。	端憲王 弼楹	王 弼棟
	恭懿王 縉⿰粦刂	王 縉㷋
	王 紳域 萬曆二十七年襲。	王 紳封
		王 識鋍 永曆二年五月薨。

開化 王 弼枳	會昌 王 弼棟	
王 縉燧	王 縉掞	延安 恭靖王
王 紳□	王 紳增 萬曆二十年襲。	
王 識鑾 萬曆二十年襲。		

	遼 簡王 植 封荊州。	
	王 貴烚 肅王 貴煖	
	靖王 豪墭	
	惠王 恩鑙	
	恭王 寵浖	
	莊王 致格	
緡㸇 無子，除。	愍王 憲㸅 降庶人，發高牆，除。隆武時追復，補謚。	

長陽	遠安
王貴烚　見前。	王貴燮
昭和王豪墭	
安靖王恩鈉	
恭裕王寵游	
悼莊王致榏	
王憲炴　子襲，遼封除。	
王術雅　萬曆三十四年襲長陽王。隆武元年十一月晋襲，二年十二月薨。	
	王儼鉌

降庶人，除。	巴東王貴煊 降庶人，除。	潛江王貴炖 無子，除。
隆武元年十月薨。	王儼鈺 永曆元年七月襲。六年十一月賜死。	
	王尊江 永曆六年十一月襲。三十七年七月降清。	

宜都	嵩滋
王貴[火零]無子，除。	安惠王貴烆
	靖簡王豪堙
	榮和王恩鈳
	昭憲王寵洌
	恭肅王致槺
	莊懿王憲爟
	王術桱萬曆二十七年襲。
	王儼鋅隆武二年八月薨。 王儼鎦隆武二年十二月襲。永

	益陽			湘陰		
	安僖王	貴烰		安僖王	貴焻	
	懿簡王	豪幾		康懿王	豪壧	
	恭和王	恩銅		恭簡王	恩錤	
	康恪王	寵淄		端靖王	寵滴	
	榮惠王	致橲		恭定王	致梠	
	莊懿王	憲熽		莊順王	憲烟	
	王	術□	隆武二年十二月薨。	王	術樓	
曆十五年七月薨。	王	儼錦	永曆十三年閏三月薨。	王	儼釪	萬曆三十四年襲。

衡陽	莊和王 貴⿱臤火	靖僖王 豪⿰土集	悼僖王 恩鐟	安僖王 寵淹　無子，除。	
應山	悼恭王 貴⿰火聶	端順王 豪⿰土睘	和僖王 恩鎦　無子，除		
宜城	康簡王 貴⿰火卿	榮僖王 豪坽	懷靖王 恩銑	懿定王 寵濱	榮昭王 致棖　無子，除。

枝江	莊惠王 貴熠	靖僖王 豪壂	溫穆王 恩錢	悼懷王 寵潤	端懿王 致樨 無子，除。
沅陵	恭憲王 貴燏	昭安王 豪塶	宣穆王 恩鉔 莊恪王 恩鈼	榮簡王 寵浹	恭僖王 致枇 無子，除。
麻陽	悼僖王 貴燠 無子，除。				

衡山	蘄水	肅寧
恭惠王貴烕無子，除。	靖和王貴熡	
	安穆王豪𣙗	
	康順王恩鉅	悼靖王恩鉹
	僖簡王寵澍	榮順王寵汕
	端懿王致檻	恭懿王致栟
	榮順王憲熓	王憲燦
	王術𨎌萬曆三十三年襲。	王術授

	長垣 恭順王 恩鉀		
	王 寵泑 無子，除。	光澤 榮端王 寵瀼	
		恭僖王 致樻	廣元 康僖王
		莊懿王 憲㸅	端恪王
國亡不知所終。		王 術堣	王
		王 儼鐵 永曆十六年八月薨。	

致楃

憲爀

術垌　無子，除。

寧靖王術桂　弘光元年閏六月魯王封長陽王。隆武二年二月改封。永曆三十七年七月薨。

慶 靖王 櫇 封寧夏。	
康王 秩煃	靖寧 王 秩燾 無子，除。
懷王 邃壄 莊王 邃塀	
恭王 寘鍙	
定王 台浤	
端和世子 鼒櫍 惠王 鼒枋	
端王 倪燇	
憲王 伸域	
王 帥鋅	
王 倬漼 萬曆四十五年襲。崇禎十七年四月薨。	

真寧 莊惠王 秩榮	康簡王 邃垿	溫穆王 寘鐃	榮僖王 台涍	安惠王 鼒樿	恭簡王 倪烄 無子，除。					
安化 惠懿王 秩炵	恭和王 邃墁	王 寘鐇 畔誅，除。								
岐山 悼莊王 秩煉 無子，除。										

安塞宣靖王秩炅　無子，除。		
	弘農安僖王邃埧	豐林溫僖王邃垸
	榮惠王貢鑭	安簡王貢鏌
	恭定王台泙	端康王台瀚
	康僖王鼒楟	恭懿王鼒樲
	恭順王倪燋	王倪爍　無子，除。
	王伸纏	
	王帥鍠　萬曆三十二年襲。	

鞏昌王寘鉶 革，發高牆。除。		
	壽陽和靖王台濠	
	端懿王鼒棉	延川端穆王鼒櫝
	僖憲王倪爋	王倪煋
	王伸揑	
	王帥⿱癶金 萬曆四十六年襲。	

萬曆十七年薨。	華陰 端懿王 倪焯	
	王 伸堣	鎮原 王 伸墇
	王 帥銳 萬曆四十三年襲。	王 帥鋒 天啟五年襲。

		蒙陰王　帥鉀萬曆二十五年薨。
潭水王　倬瀑天啟二年封。	龍祥王　倬溙天啟二年封。	

寧 獻王 權 封南昌。		
惠王 磐烒	臨川 康僖王 磐煇	宜春 安簡王 磐烑
靖王 奠培	恭順王 奠埨 降庶人，除。	宣和王 奠坫
康王 覲鈞		懷簡王 覲鐏
王 宸濠 畔誅，除。		康僖王 宸澮
		王 拱樤 畔，自盡。子送鳳陽，除。
		王 議衍 永曆三年十二月薨。

新昌安僖王 磐炷 無子，除。	信豐悼惠王 磐熯 無子，除。	
		瑞昌恭僖王 奠墠
		榮安王 覲鍚
		悼順王 宸瀩
		王 拱栟 畔死。子送鳳陽，
		王 統鉦
		王 議瀝 隆武二年九月
		王 中□ 永曆元年十二

除。

襲。十月襲。十月薨。五年七月薨。

翼王

議汸

隆武二年二月襲瑞昌王，五月晉封。永曆三年正月薨。

樂安	石城
昭定王奠壘	恭靖王奠堵
溫隱王覲鑑	端隱王覲鎬
靖莊王宸湔	安恪王宸浮
端簡王拱欏	
王多㷆	
王謀䫌天啟二年襲。	
王議淜永曆八年八月薨。　王議浚永曆十一年十月襲。三十七年七月降清。	王議滂

	弋陽	榮莊王	奠壏				
		僖順王	覲鑗		鍾陵	王	覲錐
無子，除。		莊僖王	宸洒				
		端惠王	拱樻				
		恭懿王	多焜	無子，除。			
永曆三年十一月薨。		王	議澳	隆武時襲。永曆四年九月薨。			

		岷 莊王
		恭王
		順王
降庶人，發鳳陽。除。	建安 簡定王 覲鍊	簡王
	莊順王 宸濔	靖王
	昭靖王 拱榐	康王
	康懿王 多𤏲	憲王
	王 謀壠	僖靖世子
	王 統鐶 萬曆四十五年襲。弘光元年薨。	王
		哲王

楩			封武岡。				
徽煣				江川	恭惠王	徽煝	
音埑					榮懿王	音墊	
膺鋻					王	膺鐩	
彥汰					王	彥潤	
譽榮					王	譽栿	
定燿					王	定□	崇禎八年襲。
幹跬	王	幹坤					
企鈐	顯王	企鏜					
禋洪	王	禋洮	弘光元年閏六月襲。永曆元年八月降清。				
	王	雍□	永曆二年正月襲。國亡入暹羅。				

廣通王徽煠除。	陽宗王徽焟除。	
		南渭榮順王音壄
		懷簡王膺鉙
		安和王彥濱
		莊順王譽橎
		王定□永曆二年四月薨。

安昌	黎山
王音壂	王音堂
懷僖王膺鋪	安懿王膺鋑
榮和王彥滵	康靖王彥潩
王譽柳	榮僖王譽枚
王定烷	王定羑
王幹理	王幹礓
王企錭 萬曆二十七年襲。	王企鉠
	王禋洿 崇禎十年襲。永曆六年八月薨。

沙陽王音壅	山陰王音達追封。		
端靖王膺鉋		充城王膺錕無子，除。	廣濟
王彥湍無子，除。			

王	膺銧	除。
南漳王	膺鍠	除。
長壽王	膺鉡	除。
綏寧王	膺鉞	除。

遂安王膺鎦 除。	唐年恭裕王膺録	
	彥凋王	南安王彥泥 降庶人，發高牆，除。
	譽爍王 無子，除。	
		企鉦王 隆武二年十二月薨。
		禋黎王 永曆元年襲。隱，薨。

南豐 彥激王		
譽棡王	建昌 譽本王	善化 康簡王譽桔
定獁王		定焌王
幹臺王		幹堛王
企厥王 萬曆四十五年襲。國亡不知所終。		企鋀王
		禋潭王 萬曆三十六年襲。永曆

	建德榮安王譽樾	漢川康定王譽榛	遂安王譽櫸
	王定炯	王定烰無子，除。	
	王幹墡		
	王企錞		
六年八月薨。	王禋汴萬曆二十二年襲。		

無子，除。

長壽王譽樹
無子，除。

綏寧王定兗

王幹址

王企鋅
萬曆十七年襲。

南漳王定熥

無子，除。	祁陽王定⿰火業	廣濟王定⿰火業	
	王幹蛙	王幹腫 無子，除。	青林
	王企銓		
	王禋汿 萬曆四十五年襲。亡入瑤中，薨。		

谷王

橞

封長沙。廢庶人，自焚死，除。

王

幹垣

無子，除。

嘗寧王

幹坤

無子，除。

南明史卷十七

表第三

諸王世表三

無錫錢海岳撰

韓	憲王	松	封平涼。			
	恭王	沖𤇹				
	懷王	範圯	靖王	範𡉏		
			惠王	徵釙		
			悼王	偕流	康王	
					昭王	
					定王	
					安王	
					端王	
					敬安世	子
					莊王	
					王	

偕灊	
旭櫏	
融燧	
謨㙟	
朗錡	
璟浤	王 璟溧 隆武二年十二月建號定武。永曆十六年十一月薨。
逵杞	
亶堉	萬曆三十九年襲。崇禎十七年四月薨。

襄陵	樂平	臨汾
莊穆王沖烌	定肅王沖焲	
恭惠王範址	僖安王範埸	
安穆王徵鈐	恭安王徵鋞	
端和王偕淛	溫定王偕渳	
懿簡王旭橦	安和王旭椻	
順清王融焚	昭順王融熨	
恭懿王謨墡	莊簡王謨烔	
溫恪王朗鐀	王朗鏊萬曆四十五年襲。	
王璟洸		
王逵梚崇禎十七年十月，清致北京。		

王 沖㷔 無子，除。		
	褒城	通渭
	昭裕王 範堮	莊簡王 範墅
	宣惠王 徵鉅	榮靖王 徵錸
	安僖王 偕沺	恭裕王 偕洹
	康順王 旭欄	安定王 旭楊
	温靖王 融烝	端順王 融烧
	僖和王 謨垣 無子，除。	惠穆王 謨埫
		王 朗鉽 無子，除。

平利懷簡王範壑　無子，除。

漢陰恭惠王徵鍉　無子，除。

高平榮和王偕灤

昭簡王旭樽

王融烇　革、除。

西德	隴西	寧遠
昭僖王 偕瀞		
悼昭王 旭樅	隴西 安懿王 旭林 無子，除。	寧遠 宣和王 旭栓
康惠王 融燿		恭懿王 融焕
端靖王 謨埴		恭靖王 謨垙
王 朗鉦		王 朗鏌
王 璟尿 天啟二年襲。		王 璟京 萬曆二十三年襲。

長泰榮和王旭横	恭簡王融焯	王謨墳無子，除。					
永福端僖王旭樺	恭靖王融燓革，除。						
建寧恭安王旭楕	王融炣	王謨堂	王朗鏔萬曆三十二年襲。				

長洲		
定恭王	融燧	
簡靖王	謨墠	
王	朗鋐	
王	璟湲	天啟二年襲。永曆十八年五月降清。

崑山		
榮康王	融烄	
恭順王	謨垸	
莊簡王	朗鐨	無子，除。

長樂 康懿王融焞		
榮安王謨⿰土斗	高淳 莊懿王謨⿰土茲	休寧 安靖王謨⿰土⿱廿灬
王朗⿸𠂆金	王朗鎔	端惠王朗鏐 無子，除。
王璟溥 萬曆三十九年襲。	王璟浡	
	王逵朴 天啟三年襲。	

慶陽 莊懿王 謨墊	通安 端裕王 謨墆	
恭恪王 朗鐱 無子，除。	王 朗錇	
	王 璟淮 萬曆三十五年薨。	崇明 懷莊王 璟清 萬曆十一年薨。

長吉莊靖王璟瀾	保德王璟淲無子，除。	綏平安穆王璟洛無子，除。
王逵植萬曆二十八年襲。		

咸陽王 璟漫 無子，除。	商丘王 璟漨 無子，除。	固原王 璟渭 無子，除。

	瀋 簡王模 封潞安。
	康王佶焞
	莊王幼學
	恭王詮鉦 安王詮鉌
	靖王勛泄 惠王勛潪
	懷王允榿 憲王允栘
	宣王恬焌
	定王珵堯
	王效鏞
汶陽 王璟汆 無子，除。	王迥洪 崇禎十二年襲。國亡不知所終。

陵川 康肅王 佶煃	懷懿王 幼墍	康簡王 詮鏄	悼康王 勛瀼	莊安王 允杲	温穆王 恬燆	王 珵墉 萬曆四十年薨。				
平遥 僖靖王 佶煟	懿安王 幼⿰土量 無子，除。									
黎城 昭僖王 佶⿰火矞	莊惠王 幼⿰土爰 無子，除。									

稷山											
悼靖王	莊靖王	榮和王	端簡王	昭靖王	康和王	王	王				
佶焆	幼烘	詮鋈	勛沍	允柯	恬炠	珵埍	效鈥				
							天啟二年襲。				
沁水											
悼懷王	安惠王	端懿王	榮穆王	莊和王	昭定王	康僖王	王				
佶熅	幼壞	詮鐕	勛濫	允櫰	恬烆	珵堦	效鋞				
							萬曆三十三年襲。				
沁源											
恭定王	端憲王	榮靖王	康僖王	悼和王	康裕王	憲肅王	王				
佶焯	幼埼	詮鍾	勛湊	允楊	恬煒	珵墀	效[illegible]				
							王				

	清源	遼山
	莊簡王幼圩	宣穆王幼壂
	榮僖王詮鏴	端和王詮鉞
	端和王勛瀟	恭靖王勛澄
	恭裕王允礽	王允杞
	王恬莢	王恬煇
	王珵堉萬曆中襲。	王珵地萬曆四十年襲。
效鍸萬曆四十三年襲。		

內丘	廣宗	唐山
恭僖王幼墥	懷靖王幼⿰土木　無子，除。	悼僖王幼墧
悼順王詮鈚		榮康王詮鈹
端靖王勛濎		恭懿王勛潵
安裕王允柲		王允樢
莊懿王恬熙		莊惠王恬熇
王珵墉		王珵鄄
王效鋰		王效鈀
王迥濡　萬曆四十三年襲。隆武元年薨。		

	永年 / 榮安王 / 幼埭		
	懷僖王 / 詮鐲	靈川 / 榮懿王 / 詮鈢	宜山 / 康僖王 / 詮鏋
	悼順王 / 勛浚	恭裕王 / 勛溜	榮端王 / 勛渥
	恭裕王 / 允橚		王 / 允櫆
	莊憲王 / 恬⿰火定		王 / 恬燍
	溫恭王 / 珵封 / 隆慶二年薨。		王 / 珵綞 / 萬曆二十八年襲。
萬曆四十年襲。			

宿遷	吳江	定陶
榮簡王詮鉹	昭和王詮鏗	恭靖王詮鑨
端惠王勛澤	榮順王勛湇	恭靖王勛澐
王允柠	王允栿	王允櫏
王恬熞 無子，除。	王恬羕 無子，除。	王恬䱍
		王珵持 萬曆三十六年襲。

雲和王詮鐘
無子，除。

德平榮順王允梃
端和王怙燇
王珵踓
王效鍧
萬曆四十四年襲。

鎮康恭裕王怙焯
無子，除。

安慶端懿王恬熾		
王珵垣萬曆三十五年薨。	保定順惠王珵坦	德化溫簡王埕機無子，除。
	王效鑍萬曆三十三年薨。	

安

惠王

榲

靈壽

王

理塏

無子，除。

六合

王

理埏

萬曆二十二年封。

封平涼。無子，除。	**唐** 定王桱 封南陽。
	靖王瓊炫 憲王瓊炟
	莊王芝址
	成王彌鍗 恭王彌鉗
	敬王宇温 後以紹宗入嗣大統，追尊敬皇帝。
	順王宙櫟 後以紹宗入嗣大統，追尊順皇帝。
	端王碩熿 後以紹宗入嗣大統，追尊端皇帝。
	裕王器墭 後以紹宗入嗣大統，追尊裕皇帝。
	愍王聿鏌 崇禎十六年薨。弘光時謚。

王

聿鐭

弘光元年閏六月襲。國南寧。

隆武二年十一月稱帝，改明年爲紹武。十二月薨。

王

聿鍔

	新野	悼懷王	瓊煒		
		恭簡王	芝城		
		宣懿王	彌鎘		
		榮僖王	宇滬		
		康靖王	宙杭		
		王	碩燦		
		王	器埛降封。	王	器調降封，除。
隆武二年十一月聿鐭襲。永曆十三年八月薨。					

三城	新城	承休
康穆王 芝垝 無子，除。	王 芝坦 無子，除。	榮和王 芝垠
		昭毅王 彌鋠
		安僖王 宇淵
		端惠王 宙枝
		王 碩鰾 萬曆十八年襲。

蕩陰 昭安王芝垝		
端肅王彌鍔	淅陽 温僖王彌鏈 無子，除。	鄖城 恭端王彌鈱
悼懷王宇澄		昭憲王宇清
榮簡王宙桀 無子，除。		榮康王宙桃 無子，除。

衛輝

恭懿王 彌鉤

端順王 宇漳

榮昭王 宙桐

溫僖王 碩煥 無子，除。

福山王 器塽 萬曆二十五年薨。

清源王 器埏 無子，除。

安陽王器埈　萬曆二十七年封。隆武二年五月薨。

寶慶王器增　萬曆三十一年薨。

永興	
王器培　無子，除。	王聿□　國亡不知所終。

永壽
王器圻　萬曆三十七年封。弘光元年六月薨。

鄧王	器𡑞	萬曆四十二年封德安王。隆武元年閏六月晉封。二年十二月薨。
	陳	
	閔王 聿鋐	
	世子 琳渼	

	郢 靖王 棟 封安陸。無子，除。	伊 厲王 㰘
		簡王 顒炔
		安王 勉堡
		悼王 諟鈋
隆武元年閏六月追封。		
隆武二年正月封。國亡不知所終。		

封河南。	
	光陽榮靖王勉坍　無子，除。
定王諟鋝	
莊王訏淵　敬王訏淳	
哀王典楧　降庶人，發高牆，除。隆武時復補謚。	

方城 懷僖王 諟鏴	西鄂 安僖王 諟欽	
昭和王 訏注	恭靖王 訏潫 無子，除。	
懷順王 典榕		萬安 康懿王 典櫝
溫僖王 褒熇		昭和王 褒炧
王 珂墦		恭宣王 珂佳
王 采鉧		王 采鑋
王 鳳瀓 萬曆四十四年襲。	王 鳳□ 國亡不知所終。	
		王 ⿰日壽塨

靖江王附 守謙		
悼僖王 贊儀		
莊簡王 佐敬		
懷順王 相承		
昭和王 規裕		
端懿王 約麒	安樂王 褒⿰火節 無子，除。	
安肅王 經扶		封永寧。
恭惠王 邦薴		
康僖王 任昌		
溫裕王 履燾		
		崇禎十七年清致北京。

太祖兄

南昌王

子文正子。封桂林。

憲定王

任晟

榮穆王

履祐

王

亨嘉

崇禎中襲。隆武元年八月畔，稱監國，廢庶人，死。

靖王

靖江

王

亨歎

若春

隆武元年八月襲靖江

永曆四年十一

王。永 曆四年贈。 十一月 薨，贈。	月薨，

懿文太子標，以子惠宗嗣大統，追尊孝康皇帝，廟號興宗。五子惠宗外，其得追封者虞王，得封者吳、衡、徐三王。

虞 懷王 雄英 追封。	
吳 悼王	

允熥　廢庶人，除。弘光時復追謚。

衡

愍王　允熞　廢庶人，除。弘光時復追謚。

徐

哀王　允熙

無子，除。弘光時復追謚。

惠宗二子。皇太子文奎，弘光時追謚恭愍，隆武二年四月改謚和簡外，得追封者潤王。

潤	懷王	文圭	弘光時追封原王并謚。隆武二年四月改封。

成祖四子。仁宗外，高爔未封。其得封者漢、趙二王。

漢	趙
王 高煦 封樂安。畔誅，除。	簡王 高燧 封彰德。
	惠王 瞻塙
	悼王 祁鎡
	靖王 見灂
	莊王 祐棌
	康王 厚煜
	恭王 載培
	安王 翊鐳
	穆王 常清；恪王 常浹 崇禎十七年薨。
	王 由松；王 由棪 隆武二年四月
	王 慈懶

	臨漳 恭安王祁鋈	湯陰 莊僖王祁鋪
	榮和王見湞	王見準 賜死，除。
	悼懷王祐杙	
	康端王厚炣	
	莊惠王載㙤	
	王翊鎙	
弘光時襲。永曆 諡。	王常海 天啟二年襲。崇禎十七年十二月，清致北京。	
元年十二月薨。		

襄邑		
恭定王 祁鋥		
懷簡王 見潝	榮惠王 見沂	
	昭和王 祐櫸	
	端順王 厚燔	子,罪除。

雒川	
靖懿王 祁鋹	
榮恪王 見渥	
康定王 祐架	
懷順王 厚焀	
恭簡王 載墝	
莊憲王 翊鏴	
端惠王 常渲	
王 由梸	
王 慈焜	天啟三年襲。崇禎十七年十二月,清致北京。

南樂	平鄉
安懿王祁鉷	榮順王祁鏓
榮僖王見灡	榮康王見洸
宣靖王祐櫝	僖穆王祐楸
康順王厚熘	恭和王厚燝
恭恪王載撫	安莊王載坋　罪降，除。
王翊鎬	王翊□　崇禎十七年十二月，清致北京。
王常汰　萬曆三十年襲。崇禎十七年十二月薨。	

汝源 榮昭王 見淇	昆陽 溫穆王 見洽 無子，除。	
懷和王 祐桐		廣安 端裕王 祐枳
端僖王 厚焆		溫懿王 厚熥
王 載壚 無子，除。		康裕王 載堂
		王 翊鏒 萬曆三十四年薨。

江寧 恭懿王厚煉	光山 康靖王厚煇 無子，除。	秀水 憲穆王厚炯 無子，除。
莊惠王載墣		
王翊銛 無子，除。		

成臯	壽光
端穆王載埞	
昭裕王翊鋺	
王常澳	
王由朴萬曆二十九年薨。	王由桂子嗣趙封，除。

仁宗十子。宣宗外，得封者鄭、越、蘄、襄、荊、淮、滕、梁、衛九王。

鄭

靖王	瞻埈	封懷慶。								
簡王	祁鏌									
僖王	見滋									
康王	祐柃	懿王		祐檡						
		恭王		厚烷						
		端清世子		載堉	敬王	載壐				
					王	翊鍾	罪死。	靜王	翊鐸	國亡不知所終。弘光時謚。
								王	常澂	隆武二年十二月薨。
								王	由□	永曆三十七年七月降清。

新平懷僖王　祁鋭　無子，除。	涇陽安靖王　祁銑	朝邑榮簡王　祁鎔　無子，除。
	王　見溢　無子，除。	

盟津恭懿王見濍子孫爲庶人，除。	東垣端惠王見湞
	王祐檡嗣鄭封，見前。
	榮昭王厚烔
	康僖王載墩
	恭懿王翊鎧
	王常澿　王常潔崇禎八年襲。十七年十二月，清致北京。
	王由彬國亡不知所終。

河陽懷簡王	信陽悼懷王	宣章懷順王
見溈	見浪	見汌
無子，除。	無子，除。	無子，除。

繁昌 恭定王見濅	榮戾王祐榜	端順王厚爗	王載璒 萬曆二十四年襲。
廬江 懿簡王見湳	榮繆王祐楬	王厚兊	王載裡
丹陽 靖和王見溠 無子，除。			

真丘
榮隱王
見湝
無子，除。

德慶
恭惠王
載埥

王
翊鏔
無子，除。

崇德
恭簡王
載陞
無子，除。

越	靖王瞻墉 封衡州，未行。無子，除。												
蘄	獻王瞻垠 無子，追封。												
襄	憲王瞻墡 封襄陽。	定王祁鏞	簡王見淑	懷王祐材 康王祐櫍									

恭王	見滂		
惠王	祐楬		
莊王	厚熲		
靖王	載堯		
忠王	翊銘		
王	常澄	弘光元年四月以福清王襲。國亡不知所終。	
寧鄉	莊憲王	祁鏷	無子，除。

棗陽	安穆王祁鉦	僖順王見沔	榮肅王祐梍	恭靖王厚燭	王載埤	王翊鋙未婚，薨，除。
鎮寧		恭靖王見灢	安懿王祐檽	恭懿王厚熧	王載埢無子，除。	
鄖城					王載塥	王翊鈐天啟六年襲。

永城王 載圻 無子，除。

蘭陽王 翊鎬 萬曆三十一年襲。

貴陽王 常法

	荆	憲王	瞻堈	封蘄州。			
		靖王	祁鎬				
		王	見潚				
		和王	祐橺				
		端王	厚烇				
		莊王	載埱				
		恭王	翊鉅				
進賢 王 常淦 國亡不知所終。		敬王	常涫	康王	常盎		
				定王	由樊		
				王	慈煙	王	慈□
						世子	和至

	都昌 惠靖王 祁鑑	
	懷順王 見潭	都梁 悼惠王 見溥 子嗣荊封，除。
	悼僖王 祐槁	
	王 厚熙	
	王 載塎	
	王 翊鏵 無子，除。	
隆武二年五月薨。		
國亡不知所終。		

樊山溫懿王見潒	
莊和王祐構	桐城懷僖王祐樿無子，除。
恭恪王厚焌	
王載玲	
王翊鈲	
王常滄萬曆三十三年襲。國亡隱，薨。	

岷青 王祐橍 無子，除。		
	富順 王厚焜	永新 安莊王厚熿
	王載垬	恭懿王載壕
	王翊鍉	王翊鍵
	王常湢	王常渭
	王由檽 萬曆三十四年襲。	王由橒 萬曆三十四年襲。

	淮 靖王 瞻墺 封饒州。
	康王 祁銓
	安王 見濂
	定王 祐棨 莊王 祐楑
	憲王 厚燾
德安 王 翊鍺	恭王 載坮 順王 載堅
王 常澋 萬曆三十年襲。	王 翊鉅
	王 常清 萬曆四十四年襲。永曆中薨。
	王 由桂 永曆三十七年七月降清。

鄱陽 懷僖王 祁鑌 無子，除。	永豐 恭和王 祁鉞
	懷順王 見淨
	榮和王 祐梱
	安僖王 厚烋
	王 載址
	莊裕王 翊鍛
	王 常[illegible]
	王 由桐 萬曆三十五年襲，永曆四年二月薨。

清江端裕王見澱子，降除。	南康莊惠王見湁	德興莊僖王見瀰
	榮僖王祐桐	恭簡王祐槤
	安懿王厚燓	端順王厚烕
	王載𧾷	王載堢
	王翊鉈萬曆三十一年襲。	王翊鍊
		王由柃國亡不知所終。

順昌 恭懿王 見渥	崇安 榮穆王 見洵	
王 祐樅	昭和王 祐榦 無子，除。	
王 厚焟		高安 恭僖王 厚炅
王 載圭 萬曆三十五年襲。		端惠王 載堉
		王 翊鋏
		王 常淇 萬曆三十四年襲

	上饒恭惠王厚熻	吉安肅簡王厚燔
	王載塙	王載堁
	王翊鉅	王翊鉁萬曆四十三年襲。
襲。隆武二年十二月薨。	王常沅弘光元年二月襲。國亡，不知所終。	

廣信	嘉興	紹興
順恭王 厚爆	王 厚爖 子，降除。	王 厚爀
王 載堡 無子，除。		王 載封
		王 翊銓 無子，除。
	王 常□ 隆武二年十二月薨。	

金華王載堞	華容王載域無子，除。	
王翊鋪		榮昌昭憲王翊鏡無子，除。
王常潰		
王由樘隆武二年十一月薨。		

滕 懷王 瞻塏 封雲南。無子，除。	**梁** 莊王 瞻埈 封安陸。無子，除。	**衛** 恭王 瞻埏

封懷慶。無子，除。

南明史卷十八

表第四

無錫錢海岳撰

諸王世表四

英宗九子。憲宗外，見湜未封，殤。其得封者德、許、秀、崇、吉、忻、徽七王。

德				
莊王	見潾	封濟南。		
懿王	祐榕			
懷王	厚㷃			
恭王	載壂			
定王	翊錧			
王	常潔			
王	由樻	王	由櫄	王

	泰安 恭簡王祐櫶	濟寧
	端懿王厚熿	
	康惠王載堙 無子，除。	
由櫟 崇禎十三年六月襲。十七年六月降清。隆武二年五月薨。	王 由棡 崇禎十七年六月降清。	

安僖王 祐樳 無子，除。			
	歷城 榮和王 厚⿰火節 無子，除。	臨朐 榮簡王 厚⿰火羲	高唐
		懷莊王 厚埃	
		王 翊釺	
		王 常⿰氵亮 萬曆三十三年襲。	

悼僖王厚爀
無子，除。

臨清
温懿王載壕
信順王翊鋑
王常灃
萬曆三十八年襲。

寧海
恭和王載圩
王翊鐸
王常泅
天啓元年襲。

堂邑

端順王翊鐖無子，除。	利津安和王翊鑠		
	王常濂無子，除。	安陵王常濬無子，除。	紀城

温裕王 常澍	嘉祥 王 常泩 萬曆十年襲。	清平 昭裕王 常瀸	
王 由棌 萬曆三十七年襲。		王 由枭 萬曆四十二年襲。	永年

許
悼王
見淳
未就封。無子，除。

王
由楙
無子，除。

寧陽
王
由椅
萬曆四十五年襲。

秀	崇
懷王 見澍 封汝寧。無子，除。	簡王 見澤 封汝寧。
	靖王 祐樒
	恭王 厚燿
	莊王 載境
	端王 翊鐏
	昭王 常淲　王 常湰
	愍王 由樻 崇禎十五年閏十一月薨。弘光時謚。
	王 慈爚 弘光元年二月襲。隆武二年六月薨。

瑞安 恭簡王祐桓	慶元 榮康王祐椐	
王厚熛	端穆王厚焞	懷安 莊惠王厚燫
莊惠王載填 無子，除。	莊懿王載扴 無子，除。	溫穆王載垌
		懷安王翊鑌
		王常潤
		王由札 天啓元年襲。隆

吉

歸德端惠王載壃

無子，除。

武元年九月降清。

河陽王由材

崇禎十五年閏十一月薨。

簡王見浚　封長沙。

悼王祐枎

定王厚焆

端王載均

莊王翊鎮　宣王翊鑾　長沙

王常淳

貞王由棟

王慈□　崇禎十二年襲。十七年六月薨。

王慈烇　崇禎十七年十月襲。永曆十五年七月薨。

恭簡王
翊鉦
昭靖王
常浬
天啓元年襲。永曆二年四月薨。
王
由楫
永曆三年襲。國亡不知所終。

穀城
昭憲王
翊鉉
溫裕王
常瀟
萬曆二十四年襲。
王
由槽
永曆末年薨。

德化
王
常汶

忻穆王見治，未之封。無子，除。

萬曆二十四年封。永曆四年二月薨。

福清王常澂，萬曆二十四年封。

徽	太和
莊王見沛 封鈞州。	
簡王祐櫍	端僖王祐樣
恭王厚爝	靖安王厚炬
悼王載埨 降庶人，發高牆，除。隆武時復補謚。	恭莊王載壂
	王翊釪 萬曆三十九年襲。國亡不知所終。
王常済 隆武元年十一月襲。永曆六年六月薨。	

遂昌	恭惠王祐樌	王厚熂	王載垿無子，除。		
景寧	恭裕王祐椀	莊僖王厚焮	王載墋降庶人，除。		
建德	康和王祐槿	安簡王厚烶	恭穆王載堞	王翊鋐	王常澐萬曆四十六年薨。

陽城 恭僖王 祐櫟		
懿簡王 厚爦	嘉定 宣惠王 厚烋	新昌 端僖王 厚熼
王 載坒	恭順王 載端 萬曆二年薨。	王 載墇 萬曆中襲。隆武
王 翊鉥 萬曆四十四年襲。		

	慶雲 康僖王厚燦	隆平 悼康王厚焴 無子，除。	
元年九月薨。	莊靖王載壁 嘉靖三十七年薨。		伍城 恭和王
		常□王 康熙二十八年薨。	

載埻 無子，除。	太康 王 載垙 萬曆十二年薨。	陽夏 王 載韭 萬曆二十一年薨。	德平 王 載塛
			王 翊鐇

	滎陽 裕安王 載堦	懷慶 莊惠王 載埅 萬曆元年薨。
萬曆三十五年襲。	王 翊鉻	王 翊□
	王 常漇 萬曆三十四年襲。	王 常濯 崇禎十七年六月襲。永曆二年七月薨。

咸平 溫裕王 載塔	延津 端惠王 載埴	孟津 昭順王
王 翊鏁	王 翊錚	王
王 常漛 萬曆三十六年襲。	王 常滄 萬曆四十三年襲。國亡不知所終。	

				載埅	翊鍛 萬曆四十年襲。國亡不知所終。							
				上蔡 温裕王載坺	昭敬王翊鎮	王常溒 萬曆四十一年襲。						
					安陽 王翊錡 降庶人，除。							

				萬善王 翊鈁 降庶人，除。								

代宗一子。懷獻太子見濟早薨，無他子。

憲宗十四子。孝宗外，悼恭太子祐極及他皇子俱殤。其得封者興、岐、益、衡、雍、壽、汝、涇、榮、申十王。

興 獻王 祐杬 封安陸。	岳 懷獻王 厚熙 追封并											

後以子諡。世宗嗣大統，追尊獻皇帝。廟號睿宗。	**岐** 惠王 祐棆 封德安。無子，除。	**益** 端王 祐檳
		莊王 厚燁

封建昌。

金谿

恭王 厚炫

昭王 載增

宣王 翊釗

敬王 常灃

定王 由本 萬曆三十五年封嘉善王。四十五年襲封。崇禎七年薨。

王 慈炲 崇禎九年襲。隆武二年十二月薨。

王 慈燭 永曆三年四月襲。國亡。不知所終。

莊惠王厚煌	玉山恭安王厚熼 無子，除。	
榮靖王載塓		安東
恭憲王翊鑠		
王常湉		
王由櫺 天啟元年襲。國亡不知所終。 文昌王由□ 不知何年封。		

	舒城	阜平
王載環	康簡王載坑	懿簡王載墚
王翊鏃	懷莊王翊鋃	王翊鋌
王常溰　萬曆四十三年襲。	王常泔	王常瀏
	王由權　萬曆四十三年襲。	王由樽
	王慈煯　永曆三十七年七月降清。	

	銅陵 恭簡王 載壤	
王 翊鏌 隆武二年十二月薨。	端僖王 翊鈺	
	王 常派	黎丘 莊懿王 常溱
隆武元年八月薨。	王 由椗 萬曆二十九年襲。永曆四年二月薨。	

萬曆九年薨。	浦陽肅安王常漿	淳河懷僖王常汭	華山王
	王由椮天啟元年襲。	王由栻萬曆三十年襲。隆武元年八月薨。	王

常汎	鎔谿王常淶	羅川懿康王常湑
由[illegible]萬曆三十二年襲。	王由□永曆二年三月薨。	王由㭋萬曆三十一年襲。隆

	安仁昭憲王常漈	德化王常淥
武元年七月薨。	由棅王萬曆三十三年襲。國亡不知所終。	由楬王萬曆三十八年
		慈熚王永曆三年十一

	德安王常洞	鄖西王常湖 王常潮 永曆二年三月
襲。	王由枘 萬曆三十一年襲。隆武元年八月薨。	
月薨。		

薨。贈閩王。

豐城	王 常澌 萬曆二十八年封。崇禎十七年十二月薨。	王 由㮵 隆武元年八月薨。
瀘溪	王 常淄 萬曆二	王 由□ 永曆五
		王 慈熿 永曆三

十九年封。	峽江 王常淍	安義 王常漋 萬曆三十一年封，薨。	新建
年六月薨。	王由□ 國亡不知所終。	王由柮 國亡不知所終。	
十七年七月降清。			

王常泫	奉新王常漣萬曆三十四年封。隆武二年九月薨。	
王由模永曆四年三月薨。		仁化王由椽
		王慈焫

	興安王由橦　萬曆三十五年封。國亡隱，薨。	和順王由棟　萬曆三十五年封。
天啟二年襲。永曆四年二月薨。		王慈爋　國亡不知所終。

昌 王 由橞 萬曆三十九年封永寧王。隆武二年晉封。四月薨。	嘉祥 王 由樫
世子 慈炎 隆武三年四月薨。	王 慈𤇯 崇禎十七年十二月，清致北京。
永寧 王 和⿱復土 永曆元年正月襲。國亡隱，薨。	

衡

恭王祐楎

莊王厚燆

康王載圭

王兹瑩隆武元年八月薨。

建城

王慈燦弘光元年封。國亡不知所終。

封青州。		
	玉田 懷簡王 厚烴	新樂 端惠王
安王 載封	王 載塘	康憲王
定王 翊鑊	王 翊鍵	王
憲王 常㴝	王 常洦 隆武二年四月薨。	
王 由椒 崇禎十七年七月降清。隆武二年五月薨。		

	厚熑	載壐	翊鎔 國亡不知所終。			
高唐	端裕王厚煐	恭和王載墀	王翊鑲	王常澤 萬曆四十六年襲。國亡不知所終。		
齊東	温惠王厚炳	安和王載垢	王翊鑌	王常泛 萬曆二十五年		

	邵陵 王 厚烇	漢陽 溫惠王 厚熲	
	載增 王	載塵 王 無子，除。	平度
	翊鋹 王		
襲。隆武二年四月薨。	常溱 王 萬曆三十五年襲。		

康惠王載垹	寧陽王載垿	昌樂
王翊鏉	王翊鍬萬曆三十九年襲。國亡不知所終。	
王常湍萬曆三十二年襲。國亡不知所終。		

雍			
	王載堭無子，除。	壽張康靖王載㙊無子，除。	商河康順王載塨
			王翊鍑無子，除。

靖王
祐櫺
封衡州。無子，除。

壽定王
祐楮
封德安。無子，除。

汝安王
祐梈
封衛輝。無子，除。

涇	榮
簡王 祐橓 封沂州。無子，除。	莊王 祐樞 封嘗德。
	懷王 厚勳
	恭王 載墐
	王 翊鈐
	王 常溒
	憲王 由枵 王 由楨 天啟六年封肇慶王。晉襲，年不
	王 慈炤 國亡不知所終。

	福寧懷僖王 厚熹 無子，除。	惠安康和王 厚煛	永春榮簡王
		宣懿王 載塾	王
		王 翊鏕 萬曆四十二年薨。	
詳。永曆元年十月薨。			

厚烈	富成康定王厚焚	貴溪端靖王厚覺
載垍無子，除。	王載壔	王載堺 王載坃萬曆三十三年襲。
	王翊鏂萬曆四十三年襲。	
		王常漶永曆二年二月薨。

					仁和王由棓 隆武元年封。國亡不知所終。						
申懿王祐楷 封敘州。未之封。無子，除。											

孝宗二子。武宗外，得追封者蔚王。

蔚	悼王	厚煒

世宗八子。穆宗、哀沖太子載基、莊敬太子載壡外，其得追封者潁、戚、薊、均四王。其得封者景王。

潁	殤王	載墍
戚	懷王	載㙺
薊	哀王	

載𡒄										
均										
思王										
載堸										
景										
恭王										
載圳										
封德安。無子，除。										

穆宗四子。神宗、憲懷太子翊釴外，其得追封者靖王。其得封者潞王。

靖										
悼王										

翊鈴

潞

簡王
翊鏐
封衛輝。

閔王
常淓
萬曆四十六年襲。弘光元年六月監國。隆武二年五月薨。

寶豐
王
常涖
天啟三

	年封。國亡不知所終。

神宗八子。光宗外，其得追封者邠、沅、永三王。其得封者福、瑞、惠、桂四王。

邠 哀王 常漵												
沅 懷王 常治												
永 思王 常溥												

福

恭王

常洵

封河南。

萬曆二十九年封。崇禎十四年正月薨。以子安宗入嗣大統，追尊恭皇帝。後改謚曰孝、廟號恭宗。

		瑞王 常浩
潁上沖王 由榘 萬曆中封潁上王。弘光時贈謚。	德懷王 由□ 弘光時追贈謚。	王 由□

封漢中。萬曆二十九年封。崇禎十七年六月薨。	崇禎十七年十二月襲。隆武二年六月降清。	
惠王 常潤 封荊州。萬曆二十九年封。隆武二年十二月薨。		
桂 端王	閔王	

常瀛 封衡州。萬曆二十九年封。崇禎十七年十一月薨。以子昭宗入嗣大統，追尊端皇帝。廟號禮宗。		
由□ 世子，隆武元年十月追封。	恭王 由櫻 崇禎九年封安仁王。隆武元年八月晉襲。二年三月薨。	永興王 由□
	王 慈□ 永曆十六年四月薨。	

隆武元年十月追封。	新田王由□ 隆武元年十月追封。	江華王由□ 隆武元年十月追封。	嘉善

王

由□

隆武元年十月追封。

光宗七子。熹宗、威宗外，其得追封者簡、齊、懷、湘、惠五王。

簡

懷王

由櫸

齊

思王

由楫

懷

惠王	由模
湘	
懷王	由栩
惠	
昭王	由橚

熹宗三子。懷沖太子慈然、悼懷太子慈焴、獻懷太子慈炅皆殤。威宗七子。獻愍太子，監國魯王追尊悼皇帝慈烺及皇七子外，其得追封者懷、悼、悼三王。其得封者定、永二王。

懷	
隱王	慈烜

悼	悼	定	永
靈王慈煥	懷王慈□	哀王慈炯崇禎十四年封。國亡不知所終。	悼王慈炤

崇禎十五年封。國亡不知所終。

安宗無子。

紹宗一子。莊敬太子琳源殤。

昭宗七子。長次皇子陷清，不知所終。哀愍太子慈烜薨。其得追封者沅、涪、沔、澧四王。

沅

哀王慈⿰火立

涪悼王慈煒 永曆九年八月薨。	汅殤王慈熠 永曆九年八月薨。	澧沖王慈燀 永曆十年二月薨。

南明史卷十九

表第五

無錫錢海岳撰

諸臣封爵世表一

明累朝佐命元功，或熊羆夙將，帷幄謀臣，無不疇庸論功，剖符析圭，河山帶礪，及於苗裔，德意美矣。南京立國，崇禎十七年五月，命恢復寰宇者爵上公，與開國元勳同准世襲，於時封者不過十餘人。以馬士英震主之威，諷韓贊周入乞侯封，高弘圖奏之而止；柳祚昌復以定册功請爵士英，不許，然論者尚有以濫觴之者矣。福京監國，令諭「天下軍民文武，誓清太祖之陵，痛心首務，莫此爲重。次則恢復燕、冀，報我君仇，凡我臣民有能驅胡殺寇、廓清南北、一統舊山河者，半功則炤魏國公例，全功必册真王。弘光皇上久陷腥羶，朕心實切痛感，不論臣民，有能設計迎回，必定立加世封之賞」。即位詔：「開國功臣曾封公侯如李善長、馮勝、傅友德、廖永忠等俱有大功，因嫌至今未及封，朕甚憫恤。兵禮部速訪其真正子孫具奏，以憑繼錫，補報忠勳。」於時封者二十許人，比弘光時爵稍濫矣。昭宗之世，上無勸沮之計，封爵以兵力多寡、通奏疏數、推薦有無爲率，而不論戰功。茅土之頒，殆二百人，彼此遞相增高，虚名益濫。故江、楚、閩、粤、川、滇、黔合兵踰三百萬，精者不下三十萬，而離逷潰散，以訖於亡。魯王監國，諸將不習行陣，封者亦至三十餘人。

夫賞賚之班，莫過五等之錫，沙中偶語而什方侯，邯鄲用兵而千户賞，權宜之計，非法也。是以刓印之弊則無恩，傳書之封則已濫，敝袴猶惜之，況名器乎！諸朝威權已去，不得已而以爵賞勸之，蓋事勢迫而使然，褒與譏兩無庸焉。表而列之，世變可覩已。北京功臣外戚，離甲申變，屠戮靡遺，南渡推恩繼絶，并追贈前代功臣封諡。弘光元年二月乙卯，命清理冒濫勳衛。辛酉，命戚臣世襲侯伯，原非典例，以後不得濫請。己巳，嚴緝冒戚僞勳，封襲姓名，前史失載，今備列累朝功臣，附以外戚恩澤侯，庶幾源流終始，粲然秩然，藉存一代封爵之故云。

始封	魏國公 徐達 追封中山王，謚武寧。
子	輝祖 謚忠貞。
孫	欽
曾孫	顯宗 承宗
五世	俌 謚莊靖。
六世	鵬舉
七世	邦瑞
八世	維志
九世	弘基 萬曆二十三年七月襲。崇禎十七年十二月卒。謚壯武。
十世	胤爵 弘光元年四月襲。五月降清。 定南伯 仁爵 隆武元
十一世	
十二世	
十三世	

	鄂國公 常遇春 追封開平王，謚忠武。	韓國公 李善長
	鄭國公 茂　開國公 昇	
	繼祖	
	寧	
	復	
	經	
	鳳	
	懷遠侯 元振	
	文濟	
年七月魯王封。八年正月卒。	允緒	
	明良	
	延齡 崇禎中襲。國亡隱卒。	

除。謚襄愍。	曹國公 李文忠 追封岐陽王，謚武靖。	宋國公 馮勝 除崇禎十七年七月加左柱國，贈寧陵王，謚武壯。
	景隆	
	璿	
	濂 沂	
	臨淮侯 性	
	庭竹	
	言恭	
	宗城	
	邦鎮	
	弘濟	
	祖述 弘光元年五月降清。	

衛國公申國公	鄧愈	追封寧河王，諡武順。
	鎮	
	源	
	梃	
	炳	
定遠侯	繼紳	
	祖錫	
	世棟	
	紹熚	
	文明	死北京難。崇禎十七年八月贈淮國公。
	文郁	崇禎十七年十一月襲。弘光元年五月降清。
	文昌	隆武元年九月

信國公					靈璧侯					襲。二年八月卒。		
湯和 追封東甌王，謚襄武。	鼎	晟	文瑜	倫	紹宗	佑賢	世隆 謚僖敏。	之誥	國祚 萬曆四十年八月襲。弘光元年五月降清。			
									國祥	文瓊		
延安侯												
唐勝宗 除。												
吉安侯												
陸仲亨												

除。		
江夏侯	周德興 除。	
淮安侯	華雲龍	中 除。
濟寧侯	顧時 追封滕國公，謚襄靖。	敬 除。
長興侯	耿炳文 除。崇禎十七年	

九月贈興國公，諡武愍。	臨江侯 陳德 追封杞國公，諡定襄。	營國公 郭山甫	六安侯 王志 追封許
	鏞 除。	鞏昌侯 興 追封陝國公，諡宣武。	威 除。
		振 除。	

國公，諡襄簡。	
榮陽侯 鄭遇春 除。	
平涼侯 費聚 除。	
江陰侯 吳良 追封江國公，諡襄烈。	高 除。
靖海侯 吳禎	忠

追封海國公，諡襄毅。	南雄侯趙庸除。	德慶侯廖永忠崇禎十七年九月贈慶國公，諡武勇。
除。		權除。鏞崇禎十

	南安侯 俞通源 除。	廣德侯 華高 追封巢國公，諡武莊。除。	營陽侯 楊璟 追封芮國公，諡
七年九月贈，諡果節。			通 除。

	武信。	
蘄春侯	康茂才 追封蘄國公，諡武康。	鐸 追封蘄國公，諡忠愍。除。
永嘉侯	朱亮祖 除。	
潁國公	傅友德 除。崇禎十七年七月加左柱國，	

贈麗江王，謚武靖。	
臨川侯 胡美 除。	
東平侯 韓政 追封鄆國公。	勳 除。
宜春侯 黃彬 除。	
宣寧侯 曹良臣	泰

追封安國公，謚忠壯。	除。											
汝南侯 梅思祖 除。												
河南侯 陸聚 除。												
忠勤伯 汪廣洋 除。												
誠意伯 劉基 謚文成。	璉	廌	法	柜	曇	禄		瑜		世延	藎臣	荆國公 孔昭 天啟

三年七月襲。崇禎十七年十二月晋侯。隆武二年正月魯王晋誠國公，不受。永曆三年八月晋，卒。

永城侯 薛顯 追封永國公，謚桓襄。除。												
西平侯 沐英 追封黔寧王，謚昭靖。	春 謚惠襄。 昂 贈定邊伯，謚武襄。			誠								

黔國公

晟 追封定遠王，謚忠敬。

斌 謚榮康。

琮 謚武僖。

崑 謚莊襄。

紹勳 謚敏靖。

朝輔 謚恭僖。

融

朝弼

鞏

昌祚

叡

啟元

天波 崇禎元年十二月襲。永曆十五年七月卒。

安慶侯

仇成

正

追封皖國公，謚壯襄。	除。
涼國公 藍玉 除。	
永平侯 謝成 除。	
鳳翔侯 張龍	傑 除。
安陸侯 吳復 追封黔	傑 除。

國公，謚
威毅。
宣德侯
金朝興鎮
追封沂除。
國公，謚
武毅。
懷遠侯
曹興
除。
靖寧侯
葉昇
除。
景川侯

曹震 除。	會寧侯 張溫 除。	雄武侯 周武 追封汝國公，謚勇襄。除。	定遠侯 王弼 除。崇禎十七年

		九月贈濠國公，謚武威。								
崇山侯	李新	除。								
普定侯	陳桓	除。								
東川侯	胡海	除。								
武定侯	郭英	追封營	銘	玹	昌	良	勳 翊國公武定侯	守乾	大誠	應麒

國公，諡威襄。								應麟	培民 死北京難。			
鶴慶侯 張翼 除。												
航海侯 張赫 追封恩國公，諡莊簡。除。												
舳艫侯												

朱壽 除。	
海西侯潘陽侯	
納哈出	察罕 除。
東莞伯	
何真 崇禎十七年九月贈侯，謚恭靖。	榮 除。
金寧侯	
孫恪 除。	
樂浪公西涼侯	

濮英 諡忠襄。	璵 除。	
徽先伯	桑敬 除。	
永定侯	張銓 除。	
越巂侯	俞通淵 除崇禎十七年九月贈巂國公，諡襄烈。	

郢國公	馮國用	追封，諡武翼。
越國公	胡大海	追封，諡武莊。
泗國公	耿再成	追封，諡武壯。
蔡國公	張德勝	

追封，謚忠毅。	梁國公趙德勝 追封，謚武桓。	濟陽公丁普郎 追封，謚武簡。	河間公俞廷玉 追封，謚武烈。

鄖國公 廖永安 追封，謚武閔。	東海公 茅成 追封，謚武烈。	虢國公 俞通海 追封，謚忠烈。	濟國公 丁德興

	追封，謚武襄。
天水公	嚴德　追封。
姑孰公	陶安　追封，謚文獻。
勝國公	汪興祖　崇禎十七年九月追封，謚武愍。

涼國公 廖旺 崇禎十七年九月追封。	東丘侯 花雲 追封，謚忠毅。	高陽侯 王鼎 追封。	太原侯 許瑗 追封，謚惠節。

太原侯 王道同 追封。	南陽侯 葉琛 追封，謚貞肅。	忠節侯 張子明 追封，謚忠節。	高陽侯 韓成 追封，謚忠壯。

潁上侯	陳兆先	追封。
下邳侯	余祀	追封。
潁川侯	陳弼	追封。
東海侯	徐公輔	追封。
京兆侯	宋貴	追封。
汝南侯		

昌文貴 追封。	隴西侯 李信 追封。	太原侯 王勝 追封。	清河侯 李志高 追封。	隴西侯 李繼先 追封，謚忠勇。

彭城侯	劉齊	追封，謚莊毅。
天水侯	趙國旺	追封，謚壯節。
永義侯	桑世傑	追封，謚忠烈。
燕山侯	孫興祖	追封，謚忠愍。

定遠侯	蔡僊 追封，諡武襄。
廬江侯	何德 追封，諡壯敏。
霍山侯	王簡 追封。
臨沂侯	王真 追封，諡桓義。
汝陰侯	

高顯　追封，諡武肅。

富春侯

孫世　追封，諡忠勇。

合浦侯

陳清　追封，諡崇武。

東海侯

陳文　追封，諡孝勇。

英山侯

於顯 追封，謚襄武。												
昌樂侯 丘廣 追封，謚景成。												
天水伯 趙天麟 追封，謚襄烈。												
隴西伯 牛海龍 追封，謚壯穆。												
安定伯												

程國勝 追封，謚忠愍。	太原伯 王咬住 追封。	縉雲伯 胡深 追封，謚襄節。	康安伯 孫虎 追封。	譙郡伯 戴德 追封。

盱眙子	王清　追封。
羅山子	王鳳顯　追封。
定遠子	姜潤　追封。
梁縣子	石明　追封。
合肥子	王德　追封。

懷遠子	常德勝	追封。
含山子	丁宇	追封。
盧江子	汪澤	追封。
巢縣子	陳沖	追封。
安遠子	王喜仙	追封。
汝陽子		

逮德山 追封。												
宣遠子 裴軫 追封。												
當塗男 王愷 追封，謚壯愍。												
丹陽男 孫琰 追封，謚忠愍。												
合肥男 徐明 追封。												

五河男 王理 追封。												
舒城男 王仁 追封。												
定遠男 史德勝 追封。												
萬春男 常惟德 追封。												
含山男 曹信 追封。												

虹縣男 鄭興 追封。	隋縣男 羅世榮 追封。	□□□ 許珪 追封，謚景襄。	□□□ 朱潛 追封，謚威悼。

右洪武朝功臣。洪武中所封有淮陽王郭子興、歸德侯陳理、承恩侯陳普才、歸仁伯陳友富、懷恩伯陳友直、康山王陳友仁、歸義侯明昇、崇禮侯買的里八刺八人，以非功臣，故不載。

灤城侯 李堅	莊 除。										
歷城侯 盛庸 除。											
平陽伯 瞿能 崇禎十七年九月追封，謚襄烈。											

英山伯	謝貴	崇禎十七年九月追封，謚勇愍。
分水伯	莊得	崇禎十七年九月追封，謚勇愍。
全椒伯	馬宣	崇禎十七年九

月追封，謚貞壯。	含山伯 朱鑑 崇禎十七年九月追封，謚壯烈。	東陽伯 余瑱 崇禎十七年九月追封，謚翼愍。	淳安伯 張能

崇禎十七年九月追封，謚英烈。												
象山伯 孫泰 崇禎十七年九月追封，謚勇愍。												
保昌伯 張倫 崇禎十七年九月追封，謚貞勇。												

壽昌伯	宋忠　崇禎十七年九月追封，謚壯愍。
霍丘伯	楊嵩　崇禎十七年九月追封，謚壯愍。
德清伯	崇剛　崇禎十七年九

月追封，謚壯愍。	
舒城伯彭二崇禎十七年九月追封，謚武愍。	

右建文朝功臣。

南明史卷二十

表第六

諸臣封爵世表二

無錫錢海岳撰

始封	子	孫	曾孫	五世	六世	七世	八世	九世	十世	十一世	十二世	十三世
淇國公 丘福 除。追封舒城王。												
成國公												

朱能 追封東平王，謚武烈。			
勇 追封平陰王，謚武愍。			
儀			
輔 謚恭僖。			
麟	鳳 謚榮康。		
	希忠 追封定襄王，謚恭靖。		
	時泰		
	應楨	應槐	
	鼎臣	純臣 死北京難。崇禎十七年八月贈舒城王。	元臣 崇禎十七年八

	成陽侯 張武 追封潞國公，謚忠毅，除。	泰寧侯 陳珪 追封靖國公，謚忠襄。
		瑄　瑜
		鏜
		灝　瀛 追封寧國公，謚恭愍。
月襲。		

	武安侯 鄭亨 追封漳國公，謚忠毅。	保定侯 孟善 追封滕國公，謚
	能	瑛
	弘	俊
涇	英	昂 除。
桓	綱	
璇　璉　璃	崑	
儒　良弼	維忠　維孝	
聞禮	之俊 死北京難。	
延祚	武安伯 胤元 永曆二年三月襲，八年三月卒。贈侯，謚武簡。	

忠勇。												
同安侯 火真 除。												
鎮遠侯 顧成 追封夏國公，謚武毅。	統	興祖	翰	淳 溥 謚襄恪。	仕隆 謚榮靖。	寰 謚榮僖。	承光	大理	肇迹 死北京難。崇禎十七年八月贈鎮國公。	鳴郊 弘光元年二月襲，五月降清。		
靖安侯 王忠 除。												
武城侯												

	永康侯			隆平侯
王聰　追封漳國公，謚威毅。	徐忠　追封蔡國公，謚忠烈。			張信
瑛　除。	安			鏞
	昌			淳
	錡			福
	溥	源		
		喬嵩		
		文煒		
		應坤	應垣	
		錫胤	錫登　死北京難。崇禎十七年八月贈永國公。	
			弘爵　崇禎十七年十二月襲，弘光元年五月降清。	

追封鄖國公，諡恭僖。	鋌		祐 禄	瑋 瓛		桐	炳	坤	國彥 弘光元年五月降清。	拱薇 拱日		
安平侯 李遠 追封莒國公，諡忠壯。	安											
成安侯 郭亮 追封興國公，諡	晟 昂	鑛	寧	瓚	應乾	邦柱 邦相	祚延					

忠壯。	思恩侯 房寬 除。	興安伯 徐祥	武康伯 徐理
		永	楨
		興安侯 亨 諡武襄。	勇
		興安伯 賢	
		盛	
		良	
邦棟		勳	
祚久 祚永 崇禎中襲，弘光元年五月降清。		夢暘	
		汝誠 汝孝	
		繼榮 繼本	
		治安 死北京難。	

	襄城侯	李濬	榮國公	張玉
	襄城伯	隆	英國公	輔
除。		珍 追封侯，謚悼僖。		
	襄城侯	瑾 追封芮國公，謚壯武。		懋
	襄城伯	黼 鄌		銳
		全禮 謚恭敏。		崙
		應臣		溶
		成功		元功
		守錡 守榮 隆武元年襲。		
		國楨 死北京難。崇禎十七年八月贈侯，謚貞武。		
		世弘 崇禎十七年十月襲，弘光元年五月降清。		

追封河間王，謚忠武。	新昌伯 唐雲 除。	崇安侯 譚淵 謚壯節。	應城伯 孫巖 追封侯，謚威武。
追封定興王，謚忠烈。		新寧伯 忠	亨
追封寧陽王，謚恭靖。		璟	英　傑
		裕　祐 謚莊僖。	繼先
謚莊和。		綸	鉞
		功承	岱
元德		國佐	永爵
維賢		懋勳	文棟
之極		弘業 死北京難。	允恭
世澤 死北京難。			廷勳 死北京難。

富昌伯	房勝除。								
忻城伯	趙彝謚武毅。	榮	溥	槿	武	祖胤 祖征	泰修	世新	之龍泰昌元年九月襲，弘光元年五月降清。
雲陽伯	陳旭除。								
廣恩伯									

劉才 除。	忠誠伯 茹瑺 除。	順昌伯 王佐 除。	平江伯 陳瑄 追封侯，謚恭襄。	定國公 徐增壽
			佐	景昌
			平江侯 豫 追封黟國公，謚莊敏。	顯忠
			平江伯 銳	永寧
			熊	世英
			垚 圭	光祚
			王謨 謚武襄。	延德
			允兆 謚武靖。	文璧
			啟	廷輔
			平江侯 治安	希皋
				允禎

謚忠愍。					謚榮僖。		謚康惠。			死北京難。		
永春侯 王寧 除。												
廣平侯 袁容 追封沂國公，謚忠穆。	禎 瑄 琇	輅 除。										
富陽侯 李讓 追封景國公，謚恭敏。	茂芳	興 除。										
豐城侯												

李彬 追封茂國公，謚剛毅。	涇國公寧陽侯	陳亨 謚襄敏。
賢 追封豐國公，謚忠憲。		懋 追封濬
勇		晟 潤
璽 旻 謚武襄。		輔
熙		
儒		
環		
承祚 萬曆三十年七月襲。崇禎元年戍，十七年六月復。隆武元年十月卒。		
開先 死北京難。 茂先 隆武元年十一月襲，永曆十年七月卒。		

	國公，諡武靖。	瑛		繼祖	維藩	大紀	應詔	光裕				
金鄉侯 王真 追封寧國公，諡忠壯。	成山侯 通	琮	鏞	洪	維熊	應龍	允忠	國柱	道寧 道允			
靖遠侯 王友 除。												
榮昌伯 陳賢	智 除。											
安鄉伯 張興	勇	安 寧										

	遂安伯 陳志	永新伯 許誠 除。	西寧侯
	春		
炯	瑛		
坤	塤 謚榮懷。 韶		
鐸 鋐			
世恩	鏸		
光燦 死北京難。崇禎十七年八月贈侯。	澍		
國材 弘光元年四月襲，國亡隱終。	瑋		
	秉衡 長衡		

宋晟　追封寧國公。

瑄　崇禎十七年九月追封，謚果節。　琥　瑛　追封鄆國公，謚忠順。

傑

誠　讓

愷

良臣

天馴

公度

世恩

光復

裕本　裕德　死北京難。崇禎十七年八月贈梁國公。　裕祚　弘光元年襲，永

國柱　永曆五年襲，十五年七月卒。

										曆五年卒。		
安遠侯 柳升 追封融國公，謚襄愍。	溥 謚武肅。	承慶	景	文	珣 謚武襄。	震	懋勳	昌綷 昌祚萬曆中襲，弘光元年五月降清。	紹宗			
建平伯 高士文	福	遠 進	霆 除。									
寧遠侯 何福 除。												
恭順伯	恭順侯											

吳允誠　追封邠國公，謚忠壯。	克忠　追封邠國公，謚忠勇。	瑾　追封涼國公，謚忠壯。	鑑	世興	繼爵	汝蔭	惟業 惟英 惟華　崇禎十七年四月降清。
廣寧伯 劉榮　追封侯，謚忠武。	湍　廣寧侯 安　追封嶧國公，謚忠信。	璀 璇	佶	泰　謚康順。	允中 允正	嗣德 嗣爵 嗣恩	
安陽侯 郭義　除。							

陽武侯	薛祿 追封鄞國公，謚忠武。	勳	詵	琮	倫	翰	鋹 鉦	濂 死北京難。
會安伯	金玉 除。							
永順伯	薛斌	綬 追封侯，謚武毅。	輔	勳				
武進伯	朱榮 追封侯，謚忠靖。	冕 追封侯，謚忠愍。	瑛	雲 霖	潔 江	本		

				海	承勳	世雍	天爵	自洪				
安順侯 薛貴　追封濱國公，諡忠勇。	山	忠	珤　除。									
忠勇王 金忠　除。												
榮國公 姚廣孝　追封，諡恭靖。												
景城伯 馬榮												

		追封，諡壯武。
新泰伯	張欽	追封，諡剛勇。
萊陽伯	周長	追封，諡忠毅。
成武伯	陳亨	追封，諡忠勇。
平陰伯	朱崇	

追封，謚武襄。							
保昌伯 程寬 追封，謚忠威。							

右永樂朝功臣。

保定伯 梁銘	保定侯 珤 追封蠡國公，謚襄靖。	傳 任永	福	繼藩	世勳	天秩	
忠勤伯							

李賢 除。												
廣義伯 吳管者	玘 琮 除。											
清平侯 吳成 追封渠國公，諡壯勇。		英	璽 琮	傑	家彥	國乾	遵周 死北京難。					

右洪熙朝功臣。

崇信伯 費瓛	釗	淮	柱 栻	煒	坤	甲金	天澤	尚槪			
會寧伯 李英 除。											
新建伯 李玉 除。											
奉化伯 滕定 追封侯，除。											
順義伯 金順 除。											

安陽伯	曹隆	追封，諡忠毅。
邵陽伯	馬聚	追封，諡壯勇。
清源伯	冀傑	追封，諡忠壯。
西和伯	吴守義	追封，諡僖順。

營山伯 高成 追封，謚武毅。	湯陰伯 郭資 追封，謚忠襄。	榆次伯 張廉 追封，謚忠敏。	臨漳伯 郭義 追封。

右宣德朝功臣。

會川伯	寧遠伯	定西侯	修武伯
趙安 除。	任禮 追封侯，除。謚僖武。	蔣貴 追封涇國公，謚武勇。	
	壽	義	
		琬 追封涼國公，謚敏毅。	
		驥	
		叡	
		傅　佑	
		建元	
		承勳	
		維恭	
		秉忠 隆武元年八月降清。	
	暄猷 弘光元年襲。		

	沈清　諡襄榮。	榮　追封侯，諡僖敏。	燀	祺　坊　除。				
永寧伯	譚廣　追封侯，諡襄毅，除。							
靖遠伯	王驥　追封侯，諡忠毅。	瑺	添	憲	謹	學詩　學禮	繼芳	永恩
平鄉伯	陳懷　追封侯，諡忠毅。	輔	政	信　除。				

招遠伯	馬亮 諡榮毅，除。	
忠勇伯	蔣信 追封侯，諡僖順。	善 除。
蒙陰伯	李英 追封，諡襄毅。	
綿谷伯	高文 追封，諡莊靖。	

懷遠伯	山雲	追封，謚忠毅。
威遠伯	方政	追封，謚忠毅。
泌陽伯	韓僖	追封，謚榮襄。
臨武伯	蕭授	追封，謚靖襄。

萊陽伯 孫榮 追封。	
山陽伯 金純 追封。	
茌平伯 吳中 追封，謚榮襄。	

右正統朝功臣。

昌平侯 楊洪	傑

追封潁國公，謚武襄。	俊	珍 除。									
定襄伯 郭登 追封侯，謚忠武。	嵩 除。										
撫寧伯 朱謙 追封侯，謚武襄。	保國公 永 追封宣平王，謚武毅。	暉	撫寧侯 麒	岳 崗	繼勳	保國公 國弼 萬曆四十六年閏四月襲侯，崇禎十一年正月除，十六					

	南和侯	方瑛	謚忠襄。	
	南和伯	毅		
		壽祥	謚康順。	
		東		
		炳	燁	
		應奇	履泰　死北京難。崇禎十七年八月贈。	一元　萬曆四十三年三月襲，弘光元
年四月復，九月晉。弘光元年五月降清。				

					年五月降清。		
南寧伯 毛勝 追封侯，謚莊毅。	榮	文	良	重器 邦器 國器		祖德	孟龍 茂龍
鉅鹿侯 吳克勤 謚僖敏，除。							
忠國公 石亨 除。							
太平侯 張軏	瑾						

追封裕國公，謚勇襄。	除。			
文安伯 張輗 追封侯，謚忠僖。	斌 除。			
興濟伯 楊善 追封侯，謚忠敏。	宗 除。			
海寧伯 董興 除。				
懷寧侯 孫鏜	輔	泰	應爵	瑛

追封淶國公，諡武敏。

豐潤伯

曹義

振

愷

瑁

棟

秉元

世忠

承恩

承蔭

維濬

維藩　死北京難。崇禎十七年八月贈懷國公。

維城　崇禎十七年十一月襲，弘光元年五月降清。

追封侯，謚莊武。	東寧伯 焦禮 追封侯，謚襄毅。				懷柔伯 施聚 追封侯，謚威靖。		武功伯
	亮				榮		
	壽	俊			鑑		
		淇	洵		瓚	瑾	
嵩			棟	謚莊僖。		燾	
文炳			文耀	夢熊 萬曆中襲，弘光元年五月降清。		嵩	
允成						光祖	
匡治						壯猷	
						兆麟	

徐有貞 除。											
武平侯 陳友 追封沔國公，謚武僖。	武平伯 能	綱	勳 熹	大策	永壽 如嵩	世恩					
定遠侯 石彪 除。											
高陽伯 李文 除。											
武强伯 楊能 除。											

宣城伯	彰武伯
衛穎 追封侯，謚壯勇。	楊信 追封侯，謚武毅。
璋	瑾
錞	質
守正	儒
國本	炳 謚恭襄。
應爵	世階
時春 死北京難。崇禎十七年八月贈侯，謚武節。	崇猷 死北京難。崇禎十七年八月贈侯。
	亦藩 崇禎十七年八月襲。

右天順朝功臣。

武靖侯	趙輔 追封容國公，諡恭肅。	武靖伯 承慶	弘澤	世爵		國斌	光遠	祖蔭	
								祖芳	邦鎮
伏羌伯	毛忠 追封侯，諡武勇。	鋭 諡威襄。	江						
			漢	桓	登	承祚			
順義伯	羅秉忠 諡榮壯，除。								
靖安伯	和勇								

謚武敏，除。	寧晉伯 劉聚 追封侯，謚威勇。	興寧伯 李震 除。	威寧伯 王越
	禄 福		
	岳 文 斌		
	良璽 應芳		
	天錫		
	光溥		
	允極 弘光元年四月襲，五月降清。		

謚襄敏，除。	昌寧伯 趙勝 追封侯，謚壯敏，除。	固原伯 劉玉 追封，謚毅敏。	宣良伯 冉保 追封。

右成化朝功臣。

封爵	一世		二世	
廣昌伯	劉寧	追封。		

右弘治朝功臣。

封爵	一世		二世	
涇陽伯	神英	除。		
咸寧侯	仇鉞	謚武襄。	鸞	除。
雒南伯	馮禎	追封。		

爵	一世	二世	三世	四世	五世
邢臺伯 馮斌 追封。					

右正德朝功臣。

爵	一世	二世	三世	四世	五世
新建伯 王守仁 追封侯，諡文成。	正億	承勳	先通 死北京難。	業泰 弘光元年襲，六月卒。	
忠誠伯 陸炳 追封，諡武惠。					

右嘉靖朝功臣。

寧遠伯 李成梁	如嵩 諡忠烈。		尊祖

右萬曆朝功臣。

平西伯 吴三桂 崇禎十七年三月封，降清，五月猶晋薊國公。

定西伯	唐通崇禎十七年三月封，六月降清。
遼國公	吴襄崇禎十七年八月追封，謚忠壯。

右崇禎朝功臣。

寧南侯	

左良玉	崇禎十七年正月封寧南伯，五月晉侯，弘光元年四月卒。
興平伯	
高傑	崇禎十七年五月封，弘光元年正月卒。
廣昌伯	

劉良佐		崇禎十七年五月封，弘光元年五月降清。
常應俊	襄衛伯	崇禎十七年六月封，弘光元年五月降清。
	東平侯	

劉澤清 崇禎十七年五月封東平伯，十二月晋侯。弘光元年五月降清。	同安侯 黃正陞 弘光元年四月封，六月卒。	靖國公

黄得功	崇禎十七年三月封靖南伯，五月晉侯。弘光元年五月晉公，卒。隆武時贈淝水王，謚忠烈。監國魯王贈和陽王，謚忠武。

城固伯	卜從善	弘光元年五月封，降清。

右弘光朝功臣。

澄濟伯	鄭芝豹	弘光元年閏六月封。永曆七年十二月降清。

崇明侯	杜弘域	弘光元年五月封崇明伯。隆武元年七月晉侯。
靖遠伯	甘良臣	隆武元年十月封。永曆二年十月卒。
威虜伯	吳志葵	

		隆武元年十月追封，謚桓愍。
忠威伯	賀君堯	隆武元年十一月封。永曆元年六月卒。
平南伯	陳可立	隆武元年十一月封。

仁武伯	姚志卓 隆武元年十二月封。魯王封同。永曆八年正月卒。
廬陵伯	劉同升 隆武元年十二月追封，謚文忠。
虔威伯	

向明時 隆武元年十二月封。	攀龍伯 王問臣 隆武元年十二月封。	婺安伯 朱大典 隆武二年二月封，七月卒，贈沛國公。

平粤伯 丁魁楚 隆武二年二月封。永曆元年正月降清。	福青伯 周之藩 隆武二年二月封，八月卒。	忠州侯 秦良玉 隆武二

		年二月封。永曆二年二月卒，謚忠貞。	
安溪伯	劉全	隆武二年三月封。	
延國公	鄭香	隆武二年三月封。	
忠定伯			

林習山 隆武二年三月封。永曆十六年七月卒。	忠匡伯 張進 隆武二年三月封。永曆十五年六月卒。	武功伯 陳秀 隆武二年三月

		封，八月降清。
靖安伯	郭熺	隆武二年三月封，八月降清。
忠奮伯	郭芝英	隆武二年三月封。
靖遠伯	楊濟時	隆武二

年三月封。永曆十五年六月降清。	平胡伯 朱壽 隆武二年三月封。永曆十五年六月降清。	威武伯 傅復 隆武二

年三月封，十月卒。	犁虜伯 孫守法 隆武二年四月封。永曆元年四月卒。	文明伯 黃道周 隆武二年四月追封，謚忠烈。永曆時改

謚文忠。

威虜侯

黃斌卿

隆武元年八月封肅虜伯，二年四月除，尋復，五月晉侯。永曆二年九月卒，贈肅國公，謚忠襄。

忠義伯

吳易 弘光元年閏六月魯王封長興伯。隆武二年五月封，八月卒。	輔明侯 林察 隆武二年三月封輔明伯，六月晉侯。永曆十四

年七月卒。	顯忠伯 張鳴鳳 隆武二年六月封，卒。	海忠伯 田仰 隆武二年六月封。永曆元年四月降清。	平國公 鄭芝龍

崇禎十七年八月封南安伯。弘光元年閏六月晉平虜侯。隆武二年正月魯王封公，六月晉公，十一月降清。	忠勇侯	陳霸	隆武二

年三月封忠勇伯，七月晉侯。永曆十六年三月降清。	建明伯 蘇觀生 隆武二年十一月唐王封，十二月卒。	忠惠伯 王之臣

隆武二年十一月唐王封。											

右隆武朝功臣。

南明史卷二十一

表第七

諸臣封爵世表三

無錫錢海岳撰

始封	子	孫	曾孫	五世	六世	七世	八世	九世	十世	十一世	十二世	十三世
平虜侯曾英隆武二年二月封平寇伯，十月												

晋侯，十二月卒。

寧西侯
朱化龍
隆武二年十月封。永曆六年十二月卒。

瀏陽伯
董英
隆武二年十月封。永曆元年二月降清。

嘗寧伯

劉用楚 隆武二年十月封。永曆元年二月降清，六年反正，七年三月再降清。	永壽伯 胡躍龍 隆武二年十月封。	宣忠伯 王承恩

隆武二年十月封。永曆三年正月卒。	萍鄉伯 黃朝宣 隆武二年十月封。永曆元年四月卒。	新淦伯 楊廷麟 隆武二年十月追封，謚

文正。		
進賢伯	萬元吉	隆武二年十月追封，謚文烈。
邵陽伯	周師忠	隆武二年十月封。永曆元年十月降清。
長壽伯	王應熊	

永曆元年正月封，二年三月卒。	安國公劉承胤 隆武二年六月封定蠻伯，十月晉侯。永曆元年二月晉公，十一月降清。	武岡伯劉承永

		永曆元年二月封，十一月降清。
閩侯伯	周仕鳳	永曆元年二月封，五月降清。
岳陽伯	王允成	永曆元年三月封，十二月降清，六年七

		月反正，十三年卒。
威遠伯	秦翼明	永曆元年三月封，十三年降清。
新化伯	高清浩	永曆元年三月封，十一月降清。
城步伯		

	鄭胤昌	永曆元年三月封，十一月降清。
新田伯	王雲程	永曆元年三月封，十一月降清。
遵化伯	郭承昊	永曆元年四月封，八月降清。

清江伯 嚴雲從 永曆元年四月封。											
始興伯 汪瑞儀 永曆元年四月封，三年十二月降清。											
定南伯 劉炳 永曆元年四月											

封，降清。

臨桂伯

瞿式耜

永曆元年五月封，四年閏十一月卒，贈粵國公，再贈始安王，謚文忠。

祁陽伯

楊奇

永曆元年六月

封，五年冬卒。	石城伯 施尚義 永曆元年八月封，八年十二月卒。	祥符侯 侯性 永曆元年五月封商丘伯，八月晉侯，五年二月降清。

爵	姓名	封襲											
文安侯	馬吉翔	永曆元年四月封文安伯，八月晉侯，十五年七月卒。											
芷江伯	米壽圖	永曆元年十一月追封，謚忠毅。											
定興侯													

何騰蛟 隆武元年九月封定興伯。永曆元年十二月晉侯，三年正月卒，贈中湘王，謚文烈。	文瑞 永曆三年二月襲，五年卒。
岐山侯	
賀珍 永曆元年八月封岐山	

伯，十二月晉侯，十七年卒。	封川伯　何兆寧　永曆元年十二月追封。	威武侯　向登位　永曆元年七月封安化伯，十二月晉侯，二年二

月卒。
興明伯 胡長蔭 永曆元年十二月封。
江寧伯 王化遠 永曆元年十二月封。
定遠侯 趙榮貴 永曆二年正月封，三年正月卒。

永寧伯 侯天錫 永曆二年正月封，四年十二月卒。	威遠侯 羅于莘 永曆二年正月封。	黃平伯 羅文宿 永曆二年正月封。

武隆伯 余奎 永曆二年正月封。			
勇烈侯 陳宜可 永曆二年正月追封。	三后	斗陽	
鳳衛侯 牟文綬 隆武元年七月封鳳衛伯。永曆			

二年二月晉侯，七年卒。	鄖國公 王祁 隆武二年十二月封建安侯。永曆二年二月晉公，三月卒。	定遠伯 冉奇鑣 永曆二年二月

封，十二年十一月降清。		
忠義侯	覃進孝承國	永曆二年二月封，八年卒。
荊江侯	張光萃	永曆元年二月封荊江伯，二年三月晉侯，十二

		年二月降伯，十三年卒。
番禺侯	陳子壯	永曆二年四月追封，謚文忠。
增城侯	張家玉	永曆二年四月追封，謚文烈。
輯寧侯		

趙千駟	永曆二年四月封，四年九月卒。
襄平伯佟養甲	永曆二年四月封，十一月誅。
武陟伯閻可義	永曆二年四月封，三年十二月

卒。		
安樂伯	楊大福	永曆二年四月封，三年七月誅。
延平伯	施天福	隆武二年三月封忠毅伯，十一月降清。永曆二年閏三月反正，

四月改封，十七年十月降清。	陽春伯 范承恩 永曆二年四月封，四年十一月降清，反正卒。	奉化伯 黃應杰 永曆二年四月封，四年

二月降清。	
東安伯熊兆佐	永曆二年五月封，七年七月卒。
進賢伯胡以寧	永曆二年六月追封。
豫國公金聲桓	永曆二

年六月封，三年正月卒，贈榆林王，再贈鄂王，謚壯武。

威武侯

曹大鎬

永曆二年六月封，五年十二月卒。

平夷伯

張自盛

永曆二年六月封，八年三月卒。	蕩虜伯 洪國玉 永曆二年六月封，五年十二月卒。	萬安伯 張士舉 永曆二年六月封，五年二月降

清。

興國侯 王大勇 永曆二年六月封，七年八月誅。

雩都伯 劉懋寰 永曆二年六月封，三年誅。

樂平伯 蓋遇時 永曆二

年六月封，五年二月降清，六年反正。	慶國公陳邦傳隆武二年四月封富川伯，十月晉思恩侯。永曆二年六月晉公，五年九月降清。

興國公	李赤心	隆武元年九月封興國侯。永曆二年六月晉公，四年四月卒。
郢國公	高必正	隆武元年九月封郢陽侯。永曆二年六

月晉公，八年九月卒。	文水伯 陳曾禹 永曆二年六月封，五年九月降清。	寧端伯 茅守憲 永曆二年六月封，五年九月降清。

南安伯	宋奎光	永曆二年六月封，三年正月卒。
高陵侯	馬騰雲	永曆二年六月封，十八年正月降清。
涇陽侯	郝登雲	永曆二

年六月封。	興山伯 藺養成 永曆二年六月封，卒。	惠國公 李成棟 永曆二年四月封廣昌侯，八月晉公，三年二月卒，贈寧夏王，謚

武烈。	建武侯 王得仁 永曆二年六月封繁昌侯，八月改封，三年正月卒，贈建國公，謚忠壯。	定川侯 李占春 永曆二年正月封綦江

伯，八月晉侯，五年十月降清。	遠安伯陳友龍永曆二年八月封，三年十一月卒。	武康伯胡執恭永曆二年八月封，六年卒。

宜章侯	盧鼎	永曆二年正月封宜章伯，八月晉侯，五年二月卒。
漳平伯	周金湯	永曆二年十月封，十五年卒。
漢城侯		

劉一鵬 永曆二年六月封安福伯，十月晉侯，三年正月卒。	宣威伯 楊進喜 永曆二年十月封，三年正月卒。	武烈侯 龔勇

永曆二年十月追封。	華亭伯 章曠 永曆二年十一月追封，謚文毅。	華陽侯 楊展 永曆二年正月封廣元伯，十二月晉侯。三年七

月卒，諡忠惠。	歸興侯 牛萬才 永曆元年三月封新平伯，二年十二月晉侯，六年二月降清。	武陵侯 楊國棟 永曆二年八月

封武陵伯。十二月晉侯，七年三月卒。												
晉陽伯 韓昭宣 永曆三年正月封，九月卒。												
開平伯 林大綬 永曆三年正月封，七月卒。												

祁陽伯	蔣甲	永曆三年正月追封，謚武烈。										
廣寧伯	王興	永曆三年四月封，十三年八月卒。										
定國公	牛化麟	永曆三										

年四月封，七年七月卒。

靖夷公

魏豹

永曆二年二月封靖夷侯，三年四月晉公，十五年七月卒。

寧遠伯

王永祚

永曆三年五月

封，四年十一月降清。	綏寧伯蒲纓永曆三年五月封，十五年七月卒。	犁庭侯武大定隆武二年四月封臨潼伯。永曆三年六

月晉侯，十二年二月降伯，十三年三月降清。	永國公 曹志建 永曆元年十二月封保昌伯，二年八月晉侯，三年六月晉公，六年十二月卒。

緡雲伯	曹維建	永曆三年六月封。	
信國公	艾能奇	永曆三年四月封信侯，七月承旨晉公，卒贈延安王。	承業 永曆十年六月，以鎮國將軍管王府事，十三年正月降清。
皖國公			

劉體仁 永曆二年十月封西平侯，三年八月晉公，十七年十二月卒。	光化伯 堵胤錫 永曆三年九月封，十一月卒，贈潯國公，謚文忠。

定虜侯 袁韜 永曆三年十月封，十二年降清。	錦江伯 曹勳 永曆三年十月封。	懷遠伯 陳安國 永曆三年十月封，降清。

寧都侯	彭順慶	永曆三年十月封，五年二月卒。										
泰和侯	劉文煌	永曆三年十月封，七年二月卒。										
新淦侯	李文斌	永曆三年十月封。										

忠國公榮昌伯		華陰侯
王祥	穉瓊	馬士秀
永曆二年正月封榮昌伯，三年六月晉錦江侯，四年正月晉公，十月卒。	永曆四年十月襲。	永曆二年六月封華陰伯，四年

		二月晋侯。
延長侯	王朝俊	永曆二年六月封延長伯，四年二月晋侯。
定遠侯	譚龍翔	永曆四年二月封，八年卒。
曲靖侯		

周茹茶 永曆四年二月封。	寧武侯 馬養麟 永曆二年六月封臨武伯，四年二月晉侯，五年二月卒。	清平伯 武邦賢 永曆四年三月

封，降清。	長寧伯 王稱燾 永曆四年三月封。	鎮遠侯 郭達伯 永曆四年三月封，五年十月卒。	寶豐侯 羅成耀 永曆二年四月

封寶豐伯，四年四月晉侯，九月誅。

南陽侯	李元胤	永曆四年正月封南陽伯，五月晉侯，六年五月卒。
安肅侯	李建捷	

永曆三年十二月封安肅伯，四年五月晉侯，六年五月卒。	博興侯 張月 永曆二年四月封博興伯，四年五月晉侯，六年九月降

清，八年三月反正。

宣平侯

董方策

永曆二年四月封宣平伯。四年五月晉侯。

宣國公

焦璉

永曆元年五月封新興伯，二年

正月晋侯，四年五月晋公，五年九月卒，謚忠愍。

開國公

趙應選

永曆二年正月封新寧伯，三年五月晋侯，四年五月晋公，二十年四月卒。

衛國公胡一青永曆二年正月封興寧伯，三年五月晉侯，四年五月晉公，十三年正月降清。	鎮安侯張道瀛永曆二年四月封鎮安

伯，四年五月晉侯，六年二月降清。	儀封伯 殷之榮 永曆四年五月封，六年二月降清。	信宜侯 李明忠 隆武二年十月

封武靖伯。永曆二年九月改海康伯，四年五月晉侯，六年六月卒。	涼國公賀遠圖 永曆四年六月封。	鄭國公于大海

永曆二年三月封靖南伯，八月晉侯，四年七月晉公。五年十月降清。	尉氏伯 吳文獻 永曆四年八月封，六年二月降清。	襄國公

王進才	隆武二年十月封襄陽伯。永曆三年九月晉侯，四年九月晉公，六年十二月卒。
瑞國公	
杜永和	永曆二年四月封江寧伯，四年

五月晋侯，十一月晋公，六年二月降清。

荆國公

王光興

永曆元年五月封靖虜侯，四年十二月晋公，十九年正月降清。

靖國公

袁宗第

永曆元年六月封靖遠伯，二年十月晉侯，四年十二月晉公，十七年十二月卒。	陝國公 党守素 永曆元年六月封興平伯，二年十月晉

		侯，四年十二月晉公，十八年二月降清。
襄陽侯	王光泰	永曆元年五月封鎮武伯，四年十二月晉侯，卒。
宜城伯	王甲	永曆四

年十二月封，十四年六月降清。	宜都侯 塔天寶 永曆四年十二月封，十八年正月降清。	陽城侯 馬雲翔 永曆四年十二月封。

真定侯	楊文	永曆四年十二月封，八年十月卒。
渭源侯	李復榮	永曆四年十二月封。
新津侯	譚弘	永曆四年十二月封，十

三年正月降清。	仁壽侯 譚詣 永曆四年十二月封，十三年正月降清。	涪陵侯 譚文 永曆元年封東安伯，四年十二月晉侯，十三年

		正月卒。
平夷伯	譚鉉	永曆四年十二月封。
興寧伯	王興	永曆四年十二月封，十二年五月降清。
江陵伯	張同敞	永曆四

年十二月追封，謚文烈。	富平侯 賀道寧 永曆四年十二月封，十七年正月降清。	秦王 孫可望 永曆三年四月封景國公，七月承旨晉

平遼王，四年閏十一月晉冀王，五年二月改封，十一年九月除。十月降清。	東莞伯 葉標 永曆五年二月封，七年十二月卒。

南寧伯	楊崑	永曆五年七月封，七年十一月卒。
吉國公	王祐	永曆五年九月封，十三年十二月降清。
廣平伯	陳建	

永曆五年十月封，十三年九月降清。	新安伯 康永寧 永曆六年正月封，卒。	武宣伯 成大用 永曆六年正月封，卒。	馬平伯

謝甲 永曆六年正月封。	東寧侯王復臣 永曆六年正月封，十月卒。	沅國公張先璧 隆武二年六月封南寧伯。永曆

二年三月晉侯，六年六月晉公，卒。	興安伯 孫守全 永曆六年七月封，七年九月卒。	雒容侯 龍韜 永曆五年八月封義寧伯，六年

十月晋侯，十一年二月卒。			
懷遠侯	周大禎	永曆六年十一月封。	
臨潼伯	郭有名	永曆六年十一月封。	
仁壽伯	顧存志		

永曆六年十二月封，十二年十二月卒。	餘慶伯 張登貴 永曆六年十二月封。	威胡伯 周立發 永曆七年正月封，十一年正月降清。

忠正侯	周大正	永曆七年五月追封。
新泰侯	郝尚久	永曆二年四月封新泰伯，三年十二月降清，七年三月反正，五月晉侯，九月卒。

征定侯	楊時清	永曆七年五月封。
威寧侯	郝承裔	永曆六年七月封威寧伯，七年五月晉侯，十三年十月降清，十四年八月反正，

十五年四月卒。	新化伯 馮起鳳 永曆七年五月封，十七年三月降清。	雅安侯 高承恩 永曆六年七月封雅安伯，七年五月晉侯，十三

年六月卒。

開化伯　金子襄　永曆七年五月封，九年九月卒。

梁山侯　徐邦定　永曆六年十月封，九年五月晉侯，十年六月卒。

東鄉侯 楊秉胤 永曆六年十一月封，九年五月晉侯，十五年十一月降清。	延平王 鄭成功 隆武二年三月封忠孝伯。永曆二年十
	經 永曆十六年十一月襲，三十五年正月
	克塽 永曆三十五年二月襲，三十七年七月

月晉威卒。謚曰降清。遠侯，三武。

年七月晉廣平公，七年五月晉漳國公，九年四月晉王。十一年十一月晉潮王，辭，十六年五月卒，謚曰武。

祥符伯

王秀奇 永曆九年四月封，十八年三月降清。	崇明伯 甘煇 永曆九年四月封，十三年七月卒。	建安伯 萬禮 永曆九年四月

封，十三年七月卒。

忠振侯

洪旭

隆武二年三月封忠振伯。永曆九年四月晉侯，二十年八月卒。

慶都伯

郝文興

永曆九年四月

封，九月卒。	定寧伯張弘德永曆九年五月封，十年八月卒。	益國公郝永忠隆武二年六月封南安伯。永曆元年三月晉侯，九年十

月晉公，十七年十二月卒。

忠靖侯

陳煇

隆武二年三月封忠靖伯。永曆元年正月，魯王封平南伯。永曆九年四月晉侯，十七年

九月降清。	黔陽王	皮熊	永曆元年八月封定番伯，二年十二月晉侯，三年十月晉匡國公，九年十二月晉王，十八年十月卒。

富順伯	李先芳	永曆九年十二月封，十年二月卒。
定閩伯	黃素禾	永曆九年封，十年七月降清。
平遠侯	謝上達	永曆十

年二月封，十四年七月卒。	晉王 李定國 永曆三年四月封康侯，七月承旨晉康國公，六年七月晉西寧王，十年三月晉晉王，十六

年六月卒。

蜀王

劉文秀

永曆三年四月封泰侯，七月承旨晉濟國公，六年七月晉南康王，十年三月晉王，十二年四月卒，謚曰忠。

保國公王尚禮永曆六年七月封固原侯，十年三月晋公，十一年九月卒。	夔國公王自奇永曆十年三月封，十二年四月誅。

漢川侯	德安侯
張勝	狄三品
永曆十年三月封，十一年九月誅。	永曆十年三月封，十二年二月降伯，尋復，十三年八月降清。

岐山侯	王會	永曆七年五月封武功伯，十年三月晉侯，十一年十月降伯，尋復，十三年六月降清。								
東昌侯	張虎	永曆七年五月								

封淳化伯，十年三月晋侯，十一年十月誅。	
永壽伯 關有才	永曆十年三月封，十二年四月誅。
宜賓伯 陳希賢	永曆十年三月

封，十三年六月降清。	嘗寧伯 雷朝聖 永曆十年三月封，十六年九月降清。	萊國公 虞胤 永曆十年五月封。	六安侯 李本高

永曆十年六月封崇信伯，十年十月晉侯，十一年九月卒，贈徽國公，謚壯烈。

建平侯

鄭泰

永曆十年七月封，十七年六月降清。

永城伯 鄭纘緒 永曆十年七月封，十七年六月降清。	同安伯 鄭鳴駿 永曆十年七月封，十七年六月降清。	平原伯 許世皞

		永曆十年八月封。
建威伯	馬信	永曆十年十月封，十六年五月卒。
保德伯	王安	永曆十年十月封，十三年降清，十四年四月反正。

臨國公	李來亨	隆武二年十月封三原伯。永曆四年十二月晉侯，十年十二月晉公，十八年八月卒。
高陵伯	劉正國	永曆十一年正

月封，十二年十一月卒。

寧國公

王友進

永曆四年十二月封寧國侯，十一年八月晉公，十四年六月降清。

鞏昌王

白文選

永曆十年三月封鞏國公，十一年十月晉王，十五年十一月降清。	餘慶伯 楊光謙 永曆十一年十月封，十一月降清，十二年反正，

十三年四月再降清。

甕安伯

馮天裕

永曆十一年十月封，十二年三月降清反正，十三年八月卒。

同官伯

張國用

永曆十一年十

		月封，十五年十一月降清。											
伏羌伯	趙得勝	永曆十一年十月封，十五年十一月降清。											
偃師侯	鄭文雄	永曆十一年十											

二月封，十三年閏正月卒，贈周國公。

鬱林伯
李勝
永曆十一年封。

陸川伯
李喬華
永曆十一年封。

懷集伯
何奎豹

永曆十一年封。	岑溪伯	李盛功	永曆十一年封。	富川伯	梁忠	永曆十一年封。	宣化伯	曹友	永曆十一年封。	楚國公		

周室鼎

永曆十二年正月封，降清。

慶陽王

馮雙鯉

永曆六年七月封興安侯，九年五月晋興國公，十一年正月晋興安王，十二年正月改封，十三年八月降清。

漢陽王

馬進忠

永曆元年六月封武昌伯，二年十月晋侯，三年八月晋鄂國公，八年晋嘉定王，十二年正月改，十月卒。

叙國公

馬維興

永曆二年八月封昭武伯，六年八月晋宣城侯，十二年正月晋公，十三年三月降清。

鎮閩侯

温丹初

永曆十二年正月封，六月卒。

淮國公

馬寶

永曆二年四月封安定伯，四年五月晉侯，十二年正月晉公，十三年五月降清。

平陽侯

懷仁侯 吳子聖 永曆十年六月封懷仁伯，十二	靳統武 永曆十年六月封平陽伯，十二年正月晉侯，十三年降伯，十六年六月卒。

年正月晉侯，十三年降伯，十月降清。	孟津伯 魏勇 永曆十二年正月封，十三年九月卒。	延長伯 朱養恩 永曆十二年正月封，十

三年三月降清，十月反正，卒。	宜川伯 高啟隆 永曆十二年正月封，十三年五月降清。	公安伯 李如碧 永曆十二年正月封，十三年五

月降清。		
陽武伯	廖魚	永曆十二年正月封，十三年八月降清。
仁和侯	陳國能	永曆十年三月封仁和伯，十二年二月晉侯，十

三年八月降清。		
廣昌侯	高文貴	永曆十年六月封廣昌伯，十二年正月晉侯，十三年十月卒。
真寧侯	李承爵	永曆十年八月

封真寧伯，十二年正月晉侯，十二月卒。	巫山侯李嗣名永曆十二年正月封，十七年三月卒。	咸寧侯祁三昇永曆十一年十月封咸

		寧伯，十二年三月晉侯，十三年降伯，十五年二月降清。
泰安侯	竇名望	永曆十一年正月封泰安伯，十二年三月晉侯，十三年閏正月卒。

永安侯 黃廷 永曆九年四月封永安伯，十二年五月晉侯，十八年三月降清。	廣國公 賀九儀 永曆七年三月封保康伯，十年六月晉

侯，十二年八月晉公，十四年三月誅。	龍平伯 羅大順 永曆十二年九月封，十九年五月降清。	興陽侯 齊正 永曆十二年十月封，二

十年四月卒。

安仁侯

莫宗文

永曆六年十二月封安仁伯，十二年晉侯，十四年四月降清。

德化伯

汪龍

永曆十二年十月封，十

三年八月卒。

真定王

鄭鴻逵

弘光元年五月封靖虜伯，閏六月晉定虜侯。隆武二年正月魯王晉公，六月除，尋復，晉漳國公，改定國。

永曆十三年正月晉王，已於十二年三月卒。	潁國公 楊武 永曆十三年六月封，九月降清。	瑞金侯 陳其綸 永曆十三年十月封，十

四年七月卒。

通海侯　李廷玉　永曆十三年十月封，十四年四月卒。

忠明伯　周全斌　永曆十七年正月承旨封，十八年三月降清。

興明伯	趙得勝	永曆二十八年五月承旨封，三十一年正月卒。
德化公	黃芳度	永曆二十年承旨封，二十九年十月卒。
定虜伯		

劉進忠	永曆二十八年六月承旨封，三十一年六月降清。
蕩虜伯張學堯	永曆二十八年六月承旨封。
懷仁侯沈瑞	

永曆二十九年正月承旨封，三十五年十月卒。	奉明伯 劉應麟 永曆三十五年二月承旨封，三十七年七月降清。	忠誠伯 馮錫範

		永曆三十五年二月承旨封，三十七年七月降清。
鎮國公	劉國軒	永曆三十二年七月承旨封武平伯，三十五年二月晉侯，十二

月晉公，三十七年七月降清。

右永曆朝功臣。永曆二年十二月封馬蛟麟沅陵侯，三年正月晉吳三桂漢中王，四年二月封尚可喜平虜侯、耿繼茂靖虜侯，十二年八月封洪承疇興化王，晉吳三桂濟王，以非功臣故不載。

南明史卷二十二

表第八

諸臣封爵世表四

無錫錢海岳撰

始封	子	孫	曾孫	五世	六世	七世	八世	九世	十世	十一世	十二世	十三世
永豐伯張鵬翼弘光元年閏六月封，福												

京封忠勇伯。監國魯元年七月卒，謚忠烈。	崇安伯 唐彪 弘光元年八月封。永曆十六年三月卒。	崇仁伯 王俊 弘光元年十月

封。永曆十六年二月卒。	荊國公方國安弘光元年五月封鎮夷伯，閏六月晉侯，福京封靖虜侯，晉靜國公。十一月王亦晉公。監國魯元

年六月降清。

寧國公

王之仁

弘光元年閏六月封武寧侯，九月福京封恭順伯，十一月王晉公。監國魯元年八月卒。

震虜侯

黃蜚

弘光元年十月，福京追封震虜伯，十一月王贈侯，謚武愍。	威胡侯 方元科 弘光元年十月福京封武興伯，晉侯，十一月王晉侯。

開遠侯											
吴凱											
弘光元年閏六月封開遠伯，福京封誠敬伯，十一月王晉侯。監國魯元年七月卒。											
靖夷侯											
陳謙											
弘光元年十一											

月封，監國魯元年五月卒。											
靖江伯王鳴謙弘光元年十一月封。											
尚義伯沈鎮東弘光元年十一月封。											
靖南伯方任龍											

弘光元年十一月封，福京封永功伯，卒。

定南伯

俞玉

弘光元年十一月封，福京封永安伯。監國魯元年六月卒。

平虜伯

馬漢 弘光元年十一月封，福京封武清伯。監國魯元年六月卒。											
勦武伯 章義 弘光元年十一月封。											
忠衛伯 章雲飛 弘光元											

年十一月封，監國魯二年三月降清。	斫夷伯	顧勳	弘光元年十一月封，福京封保寧伯。監國魯元年六月卒。	靖逆侯	徐瑩

弘光元年十一月封。監國魯元年五月卒。	襄勤伯謝正讓 弘光元年十一月封。	寧遠伯沈迴瀾 弘光元年十一月封。監國魯元

年五月卒。

平胡伯
陳萬良
監國魯元年正月封。福京封武成伯。二年五月卒。

威夷侯
劉穆
弘光元年十一月封威夷伯。監

國魯元年三月晉侯，六月卒。	平波伯 裘兆錦 監國魯元年五月封。永曆十七年卒。	建國公 鄭彩 弘光元年閏六月封永勝伯。隆

武二年四月改恩宥，除復。監國魯元年十一月晋建威侯，二年正月晋公。永曆十三年七月卒。	
	義興侯 鄭遵謙 隆武元年七月福京封

討夷伯。

弘光元年十一月王封義興伯。

監國魯二年正月晉侯、福京晉興明侯，三年正月卒，贈興國公，謚武閔。

永康伯

張世鳳

監國魯二年正

月封，二月卒。	蕩胡伯 阮進 監國魯二年正月封，六年八月卒。	英義伯 阮駿 監國魯二年正月封。永曆十年八月卒。
	美 監國魯六年九月襲，永曆十七年十月降清。	

鎮南伯	鄭斌 監國魯二年正月封。永曆三十七年七月降清。										
呑胡伯	楊奇 監國魯二年正月封。										
定遠侯	石仲芳 監國魯										

元年十二月封平原伯，二年二月晉侯，五年五月降清。永曆十三年反正，卒。

東鄉伯

艾元凱

監國魯二年七月封。

鎮南伯

金公玉

監國魯二年十月封，三年正月卒。	振威伯 涂覺 監國魯二年十月封，六年三月降清。	武定伯 湯蘭 監國魯二年十月封，卒。

忠勤伯	郭天才	監國魯二年十月封，四年正月卒。
武靖伯	蔡乃漢	監國魯二年十月封，三年卒。
安福侯	鄧良藩	監國魯二年七

月封安福伯，三年二月晉侯。

安南侯
楊耿
監國魯二年正月封同安伯，三年四月晉侯。

蕩虜侯
孫化庭
監國魯三年七月封，四

		年三月卒。
靖虜侯	李雙槐	監國魯三年七月封。
逐虜伯	李三帽 簷子	監國魯三年七月封，八月卒。
東昌伯	周魁軒	

監國魯三年七月封。永曆七年二月卒。										
禦胡伯 陳濟宇 監國魯三年七月封。										
定東伯 田嵩山 監國魯三年十月封，四年四月卒。										

蒙陰伯張明宇監國魯四年二月封，十月卒。	新昌伯俞國望監國魯四年三月封，五年卒。	寧波伯徐鳴珂監國魯四年三月封，五

年卒。	定遠侯鄭聯監國魯二年正月封定遠伯，四年七月晉侯，五年八月卒。	平西伯王朝先監國魯四年七月封，六

年二月卒。

定西侯

張名振

隆武二年三月福京封義勝伯，晉侯。監國魯二年正月王封定西伯，四年十一月晉侯。永曆九年十一月卒。

平夷侯	周鶴芝	監國魯二年二月封平夷伯，四年十一月晉侯。永曆八年四月卒。
閩安侯	周瑞	監國魯二年二月封閩安伯，四

年十一月晉侯，永曆十四年五月卒。

義安伯

顧奇勳

監國魯四年封。

昌化伯

阮國楨

監國魯四年封。永曆八年十月卒。

惠安伯

林忠　監國魯五年正月封。永曆十一年降清。	濟勝伯　顧忠　監國魯五年正月封。永曆十年正月降清。	永春伯　林日勝

監國魯五年正月封。永曆十年五月降清。

右監國魯王朝功臣。魯王於監國魯二年正月封洪承疇鎮國公、土國寶中牟侯，以非功臣不載。

恩親侯

李貞

追封隴西王，謚恭獻。

揚王

陳公 追封。											
徐王 馬公 追封。											
忠義侯 劉繼祖 追封。											
彭城侯 張麒 追封，謚恭靖。	彭城伯 昶	輔	瑾	信	欽	勳					
						熊	守忠	嘉猷	光祖 死北京難。		
保昌伯 蔣廷珪											

會昌	惠安	安平
會昌伯 孫忠 追封安國公，謚恭憲。	惠安伯 張昇	安平伯
會昌侯 繼宗 追封鄭國公，謚榮襄。	軏	
銘	琮　瑛　瓚	
杲 謚榮僖，除。	偉 謚康靖。	
	鑭	
	元善	
	慶臻 死北京難。崇禎十七年八月贈侯，謚忠武。	
	承志 弘光元年二月襲。永曆十三年卒。	

吳安 除。			
昭武伯	曹欽 誅，除。		
慶雲侯	周能 追封寧國公，諡榮靖。	壽 追封宣國公，諡恭和。	瑛 除。
安昌伯	錢承宗 諡榮僖。	維圻 除。	
皁國公瑞昌侯瑞安伯	王鎮 追封，諡	源 諡榮靖。	橋 除。

	康穆。		
長寧伯	周彧	瑭	大經 除。
壽寧侯昌國公	張巒 追封昌國公，謚莊肅。	鶴齡 除。	
建昌侯	張延齡 除。		
崇善伯	王清 除。		
安仁伯			

王濬 追封侯。	慶陽伯 夏儒	永定伯 朱泰 除。	泰安伯 張富 除。	安定伯 張容 除。	永壽伯 朱德 除。
桓 除。	世臣 除。				

平涼伯	馬山	除。
鎮安伯	魏英	除。
高平伯	谷大寬	除。
永清伯	谷大亮	除。
鎮平伯	陸永	除。
平虜伯	朱彬	誅，除。

安邊伯 朱泰 除。		
京山侯 崔元 謚榮恭，除。		
慶元伯 紀公 追封，謚端僖。		
昌化伯 邵喜	蕙	杰 除。
玉田伯 蔣斅 追封。	輪	榮 除。

泰和伯	陳萬言 除。	
安平侯安平伯	方銳 謚榮靖。	承裕 除。
恭誠伯	陶仲文 謚榮康、惠肅，除。	
慶都伯	杜林 追封。	繼宗 除。
德平伯	李銘 除。	

固安伯陳景行除。												
武清侯李偉追封安國公，謚莊簡。	文全	銘誠	國瑞	存善								
永年伯王偉	棟	明輔										
永寧伯王天瑞	長錫											
博平侯郭維城	博平伯振明											
新城侯王昇	國興死北京											

	難。	
太康侯 張國紀 死北京難。		
寧國公 魏良卿 誅，除。		
安平伯 魏鵬翼 誅，除。		
東安侯 魏良棟 誅，除。		
瀛國公 劉應元	新樂侯 效祖	文炳

追封。

死北京難。崇禎十七年八月贈恒國公,謚忠壯。

新樂伯

文燿

崇禎十七年八月追封,謚忠果。

文炤

崇禎十七年八月襲,國亡,隱卒。

嘉定侯	周奎 崇禎十七年四月降清。	
大興伯	鄒存義 崇禎十七年八月封。弘光元年五月降清。	
雒中伯	黃奇瑞 弘光元年三月追封。	九鼎 弘光元年三月封，五月

	保安伯黃調鼎弘光元年三月封。	吉水伯曾文彥隆武元年八月封，卒。	武清侯王國璽隆武二年十一月封武清伯，五
降清。			

		年十月晉侯，十三年三月降清。
鎮遠伯	馬九爵	隆武二年十一月封。永曆四年八月卒。
鎮遠侯	馬九功	永曆四年九月襲伯，五年十月晉侯，卒。

長洲伯	王畧	隆武二年十一月封，卒。
華亭侯	王維恭	隆武二年十一月封華亭伯，五年十月晉侯，十五年七月卒。
會稽伯		

張國俊	弘光元年閏六月魯王封。
保定伯毛有倫	弘光元年十一月魯王封，監國魯元年六月降清。

右歷朝外戚恩澤侯。

南明史卷二十三

表第九

無錫錢海岳撰

宰輔年表

明自仁宗大學士歷晉尚書、保、傅，閣權之重，比漢、唐宰輔。安宗立國，史可法外出督師，高弘圖、姜曰廣相繼去位，綸言批答，裁決機宜，一出馬士英，不復關白於上。亂政亟施，南京遂亡。紹宗承統，章疏直達御前，大政多出宸斷，閣臣至三十餘人，僅備顧問，或下司錢穀刑獄之瑣。黄道周、路振飛命世大才，制於鄭芝龍，不能展布，福京亦復。昭宗播遷南服，閣臣如李永茂、瞿式耜、嚴起恒、文安之等，不愧經邦論道之任。顧忠佞錯雜，用捨不當，末用馬吉翔，蠻荒寄命，宗社淪胥。監國魯王所用閣臣，薰蕕並茁，自張肯堂舟山之殉，流離海角，魯運告終。最南渡十七年中，宰相先後將百人，古稱三公不備惟其人，宰輔下天子一等，宰相尊而政府尊，以燮理陰陽之重，拜免如同傳舍，斗台斗柄，凌遲甚矣！夫宰相之進退，關於世道之隆污，千載而下，覽者即表之年，觀紀及傳之事，歲月昭於上，姓名著於下，則不惟其人之賢邪可指而議，而當時任用之專否，政治之得失，皆可得而見之矣。作宰輔年表。

紀年	宰輔	拜免
威宗崇禎十七年甲申，五月安宗即位。	史可法	禮部尚書東閣大學士入，仍掌兵部。旋以兵部尚書督師。八月晉武英殿。
	高弘圖	禮部尚書東閣大學士入。八月改吏部，晉文淵閣，充首輔。十月罷。
	馬士英	兵部尚書副都御史東閣大學士，總督。旋掌兵部入。六月罷。旋復任。八月晉武英殿。九月晉建極殿。十月充首輔。
	姜曰廣	禮部尚書東閣大學士入。八月晉文淵閣。九月罷。
	王　鐸	禮部尚書東閣大學士入。八月改户部，晉文淵閣。
	王應熊	禮部尚書文淵閣大學士召。未至。八月改兵部總督。
	蔣德璟	六月户部尚書文淵閣大學士召。未至。
	謝　陞	六月上柱國禮部尚書建極殿大學士。充大行山陵使，降清。

弘光元年乙酉	馬士英	正月晉中極殿。掌文淵閣印。
	史可法	正月晉建極殿。四月卒。
	王　鐸	正月晉武英殿。五月降清。
	王應熊	
	蔡奕琛	正月吏部左侍郎東閣大學士入。二月晉禮部尚書文淵閣。五月降清。
	阮大鋮	五月兵部尚書東閣大學士，督師。
	朱大典	五月兵部尚書東閣大學士，督師。
弘光元年乙酉閏六月，紹宗即位，即以是年七月朔以後爲隆武元年。	黃道周	兵、吏部尚書武英殿大學士入。充首輔。七月兼兵部，督師。十二月陷清。
	蔣德璟	户部尚書文淵閣大學士入。晉武英殿。
	高弘圖	吏部尚書文淵閣大學士召。未至。已卒。
	姜曰廣	禮部尚書文淵閣大學士召。未至。
	傅　冠	禮、兵二部尚書文淵閣大學士，督師。
	吳　甡	户、兵二部尚書文淵閣大學士召。未至。
	林欲楫	禮部尚書東閣大學士入。九月改吏部，晉武英殿。十一月罷。
	朱繼祚	禮部尚書東閣大學士入。
	呂大器	兵部尚書東閣大學士，總督。

鄭三俊	吏部尚書東閣大學士召，晋文淵閣。未至。
曾　櫻	工部尚書東閣大學士入。九月改禮部，晋文淵閣，兼署吏部。十二月留守。
陳洪謐	禮部左侍郎東閣大學士入。
黄鳴俊	兵部右侍郎東閣大學士入。七月督師，十月晋尚書。
李光春	兵部右侍郎東閣大學士入。
陳奇瑜	兵部右侍郎東閣大學士召。晋尚書武英殿，未至。
王錫衮	禮部尚書東閣大學士，總督。
王應熊	晋武英殿。
朱大典	七月督師。
路振飛	七月吏、兵二部尚書文淵閣大學士入。充首輔。
何　楷	七月户部尚書東閣大學士入。八月罷。
楊廷麟	七月吏部右侍郎東閣大學士，總督。十月晋兵部尚書文淵閣，再晋武英殿。
陳子壯	八月兵部尚書東閣大學士，督師。
林增志	九月禮部右侍郎東閣大學士入。十二月晋尚書文淵閣。
何騰蛟	九月兵部尚書東閣大學士，督師。
徐人龍	十月兵部尚書武英殿大學士入。
熊開元	十月左副都御史東閣大學士，隨征。

	何吾騶	十月禮部尚書文淵閣大學士入。十二月隨征。
	方逢年	七月禮部尚書文淵閣大學士。輔魯王，未任。
	張國維	七月兵部尚書文淵閣大學士。輔魯王，未任。
	蘇觀生	十月吏部右侍郎東閣大學士入。
	黃景昉	十一月户部尚書文淵閣大學士入。晋武英殿。旋罷。
	趙士完	十二月兵部右侍郎東閣大學士，督師。
隆武二年丙戌	路振飛	七月晋武英殿，督師。
	何吾騶	五月改吏、兵二部，晋謹身殿。七月充首輔。十二月降清。
	蔣德璟	二月罷。
	傅　冠	四月罷。
	朱繼祚	晋文淵閣，隨征。
	吕大器	
	曾　櫻	三月兼右都御史，隨征。四月兼掌吏部，罷。七月留守。
	陳洪謐	四月晋禮部尚書文淵閣。
	黃鳴俊	晋文淵閣，隨從。八月降清。
	李光春	

顧錫疇	正月禮、兵二部尚書，東閣大學士，督師。晋文淵閣。六月卒。
王錫袞	
王應熊	
朱大典	二月晋文淵閣。七月卒。
楊廷麟	十月卒。
林增志	
何騰蛟	
徐人龍	
熊開元	六月晋右都御史文淵閣。
葉廷桂	七月刑部尚書東閣大學士召。未至。
蘇觀生	正月晋吏、兵二部尚書文淵閣經理。六月晋武英殿。十二月卒。
趙士完	
吴春枝	正月兵部右侍郎東閣大學士入。晋尚書留守。八月降清。
章正宸	正月兵部右侍郎東閣大學士召。未至。
謝德溥	二月禮部尚書東閣大學士。制置義師。
張肯堂	三月户、兵二部尚書東閣大學士，督師。
劉麟長	四月兵部尚書東閣大學士，督師。

	郭維經	五月吏、兵二部尚書副都御史東閣大學士，總理。十月卒。
	黃士俊	六月户、禮二部尚書武英殿大學士召。未至。十二月降清。
	姚明恭	六月户部尚書文淵閣大學士召。未至。
隆武二年丙戌十月，昭宗即位。	丁魁楚	吏、兵二部尚書東閣大學士入。十一月晉武英殿。
	瞿式耜	吏部右侍郎東閣大學士入。十一月晉禮部尚書文淵閣，掌閣印。
	呂大器	十一月兵部尚書文淵閣大學士，督師。
	王錫袞	召，未至。
	王應熊	
	何騰蛟	晉武英殿。
	陳子壯	十一月晉文淵閣，總督。
	李永茂	十一月禮部尚書東閣大學士入。十二月改吏部，晉文淵閣。
永曆元年丁亥	丁魁楚	正月降清。
	瞿式耜	二月改吏、兵二部，晉武英殿。留守。
	李永茂	正月罷。
	吴　炳	二月禮部尚書東閣大學士入。晉吏部文淵閣，充首輔。八月卒。
	呂大器	

	王錫袞	二月再召未至，三月卒。
	王應熊	
	何騰蛟	四月晋建極殿。
	陳子壯	十一月卒。
	文安之	二月禮部尚書東閣大學士召。
	方以智	二月禮部左侍郎東閣大學士入。旋晋尚書，八月罷。
	楊鼎和	二月兵部尚書東閣大學士，總督。
	唐　諴	三月禮部右侍郎東閣大學士入。
	晏日曙	三月工部尚書東閣大學士入。六月兼掌禮部。
	温應寀	四月兵部尚書東閣大學士，總督。十月卒。
	草　曠	四月兵部尚書東閣大學士，總督。五月晋武英殿。八月卒。
	周鼎瀚	五月兵部右侍郎東閣大學士入。
	李若星	六月吏部尚書東閣大學士入。八月卒。
	堵胤錫	七月兵部尚書東閣大學士，督師。
	嚴起恒	八月禮、兵二部尚書東閣大學士入。九月充首輔。
	王化澄	十月兵部尚書東閣大學士入。
永曆二年戊子	嚴起恒	三月兼吏部。
	瞿式耜	

李永茂	三月召，七月卒。
王應熊	三月卒。
吕大器	三月總督。
何騰蛟	
文安之	
楊鼎和	
唐　諴	正月晋文淵閣，總督。
晏日曙	十月督師。卒。
周鼎瀚	三月罷。六月起督師。
堵胤錫	
王化澄	八月改禮部。
朱天麟	三月禮部尚書東閣大學士入。八月晋文淵閣。
姜曰廣	六月吏、兵二部尚書建極殿大學士，督師。
熊文舉	六月吏部尚書東閣大學士，督師。
郭都賢	八月兵部尚書東閣大學士召。未至。
周堪賡	八月户部尚書東閣大學士召。未至。

	朱由櫱	八月户部尚書東閣大學士入。
	曾道唯	九月兵部尚書東閣大學士召。未至。
	路振飛	十一月吏、兵二部尚書武英殿大學士召。
	揭重熙	十二月兵部尚書左副都御史東閣大學士，經理。
	虞　胤	十二月兵部尚書東閣大學士，總督。
	賈同春	十二月兵部尚書東閣大學士，督師。
永曆三年己丑	黄士俊	正月吏部尚書文華殿大學士入。充首輔。
	何吾騶	正月吏、兵二部尚書建極殿大學士入。十月罷。
	嚴起恒	
	瞿式耜	二月督師。
	吕大器	十月晋武英殿。
	何騰蛟	正月卒。
	文安之	
	楊鼎和	
	唐　誠	
	周鼎瀚	
	堵胤錫	六月改吏、兵二部晋文淵閣。十一月卒。

	王化澄	十月罷。
	朱天麟	正月罷。
	姜曰廣	正月卒。
	朱由欅	正月卒。
	路振飛	四月卒。
	揭重熙	
	傅鼎銓	二月兵部尚書東閣大學士，督師。
	虞胤	
	賈同春	
	李新	六月兵部尚書東閣大學士，總督。
永曆四年庚寅	黃士俊	正月罷。
	嚴起恒	正月充首輔。四月罷。五月晉文淵閣入。
	文安之	六月晉文淵閣。充首輔。十二月兼吏、兵二部，督師。
	何吾騶	二月督師。十一月降清。
	瞿式耜	四月晉建極殿。閏十一月卒。
	呂大器	二月卒。

	楊鼎和	
	唐　誠	四月罷。
	周鼎瀚	
	王化澄	四月晉文淵閣入。
	朱天麟	七月晉武英殿入。
	虞　胤	二月督師。
	賈同春	五月卒。
	程　源	四月兵部尚書東閣大學士，督師。
	揭重熙	
	傅鼎銓	
	曾　櫻	七月吏、禮二部尚書武英殿督師。
永曆五年辛卯	嚴起恒	二月卒。
	吴貞毓	二月户部尚書東閣大學士入。晉文淵閣，充首輔。
	文安之	
	楊鼎和	二月卒。
	周鼎瀚	二月卒。

	王化澄	
	朱天麟	五月經略。
	虞　胤	
	程　源	
	揭重熙	十一月卒。
	傅鼎銓	八月卒。
	曾　櫻	二月卒。
	楊畏知	二月吏部尚書東閣大學士。入尋晉文淵閣。三月卒。
	郭之奇	二月禮、兵二部尚書東閣大學士召。未至。
	楊　鴻	二月禮部尚書東閣大學士、督師。卒。
	晏　清	三月吏部尚書東閣大學士召。未至，卒。
	馬吉翔	十月兵部尚書東閣大學士。留守。
永曆六年壬辰	吳貞毓	
	王化澄	
	文安之	
	朱天麟	八月卒。

年	輔臣
	虞胤
	程源
	郭之奇　七月督師。
	馬吉翔　二月入。
	范鑛　吏部尚書東閣大學士入。
永曆七年癸巳	吳貞毓
	王化澄　三月卒。
	文安之
	虞胤
	程源
	郭之奇　八月改視師。
	馬吉翔
	范鑛
永曆八年	吳貞毓　三月卒。
	丁繼善　三月吏部尚書東閣大學士入。四月晉文淵閣，充首輔。
	歐陽霖　三月禮部尚書東閣大學士入。四月晉文淵閣，罷。

年	人	事
	文安之	
	虞　胤	
	程　源	
	郭之奇	二月改吏、兵二部尚書晉文淵閣。
	馬吉翔	
	范　鑛	
	方端士	三月兵部右侍郎東閣大學士入。
永曆九年乙未	丁繼善	
	文安之	
	虞　胤	
	程　源	
	郭之奇	
	馬吉翔	
	范　鑛	
	方端士	
	何　源	兵部尚書右都御史武英殿大學士，總督。

永曆十年丙申	丁繼善	
	文安之	
	虞胤	三月晉文淵閣。
	程源	
	郭之奇	十月晉武英殿。
	馬吉翔	正月罷。三月晉文淵閣入。
	范鑛	
	方端士	
	何源	
	扶綱	三月禮、兵二部尚書東閣大學士入。
	張佐辰	三月吏部尚書東閣大學士入。
	雷躍龍	三月禮、刑二部尚書東閣大學士入。
永曆十一年丁酉	丁繼善	
	文安之	
	虞胤	
	程源	

年	宰輔	事蹟
	郭之奇	
	馬吉翔	
	范　鑛	九月卒。
	方端士	
	何　源	
	扶　綱	五月晉文淵閣。
	張佐辰	
	雷躍龍	正月晉文淵閣。
永曆十二年戊戌	丁繼善	
	文安之	
	虞　胤	
	程　源	三月去閣銜，任尚書。
	郭之奇	
	馬吉翔	
	方端士	
	何　源	
	扶　綱	

	張佐辰	
	雷躍龍	
永曆十三年己亥	丁繼善	
	文安之	六月卒。
	虞胤	
	郭之奇	
	馬吉翔	
	方端士	
	何源	
	扶綱	三月降清。
	張佐辰	三月降清。
	雷躍龍	
	張煌言	十一月兵部尚書東閣大學士，督師。
永曆十四年庚子	馬吉翔	充首輔。
	郭之奇	
	方端士	三月降清。

	張煌言	
	鄧士廉	十月吏、兵二部尚書東閣大學士入。
	楊　在	十月禮部尚書東閣大學士入。
永曆十五年辛丑	馬吉翔	七月卒。
	郭之奇	八月陷清兵。
	張煌言	
	鄧士廉	七月卒。
	楊　在	七月卒。
弘光元年乙酉閏六月，魯王監國。	宋之普	兵部右侍郎東閣大學士入。尋晉尚書。九月罷。
	方逢年	禮部尚書東閣大學士入。旋晉文淵閣，充首輔。
	張國維	兵部尚書東閣大學士，督師。八月晉武英殿，仍管兵部事。
	朱大典	兵部尚書文淵閣大學士，督師。
	陳函輝	九月禮、兵二部尚書東閣大學士入。
	田　仰	十月兵部尚書東閣大學士入。
	陳　盟	十月禮部尚書東閣大學士入。
	謝三賓	十二月禮部尚書東閣大學士入。

監國魯元年丙戌	方逢年	六月降清。
	張國維	六月卒。
	朱大典	七月卒。
	陳函輝	六月卒。
	田　仰	
	陳　盟	
	謝三賓	六月降清。
	章正宸	二月吏部尚書東閣大學士入。
	柯夏卿	三月禮部尚書東閣大學士入。
	李之椿	三月吏部尚書東閣大學士，督師。
	孫嘉績	五月兵部尚書東閣大學士，督師。旋晉文淵閣。八月卒。
	熊汝霖	五月兵部尚書東閣大學士，督師。
監國魯二年丁亥	熊汝霖	十月入。充首輔。
	馬思理	十月禮部尚書東閣大學士入。
	劉中藻	正月兵部尚書東閣大學士，督師。
	李之椿	

監國魯三年 戊子	熊汝霖	正月卒。
	馬思理	正月充首輔，十月卒。
	錢肅樂	二月吏部尚書東閣大學士入。六月卒。
	沈宸荃	十月工部尚書東閣大學士入。
	劉沂春	十月兵部尚書東閣大學士入。
	劉中藻	八月晉武英殿。
	朱繼祚	三月禮部尚書文淵閣大學士，督師。七月卒。
監國魯四年 己丑	張肯堂	十月吏、户、兵三部尚書東閣大學士入。晉文淵閣，充首輔。
	沈宸荃	
	劉沂春	十月罷。
	劉中藻	四月卒。
監國魯五年 庚寅	張肯堂	
	沈宸荃	
	李長祥	正月兵部尚書東閣大學士，督師。

監國魯六年辛卯	張肯堂　九月卒。 沈宸荃 李長祥 朱在錤　八月兵部尚書東閣大學士，督師。
監國魯七年壬辰	沈宸荃　正月卒。

南明史卷二十四

表第十

無錫錢海岳撰

七卿年表

明太祖罷丞相，政歸六部。吏部掌天下官吏選授、封勳、考課之政令，以甄别人才，贊天子治。户部掌天下人民、户口、田賦、征役、經費之政令。禮部掌天下禮樂、祭祀、封建、朝貢、宴饗、貢舉之政令。兵部掌練天下戎馬之政令。刑部掌天下刑罰之政令。工部掌天下工役、農田、山澤、河渠之政令。外設都察院，職掌糾劾百司，辨明冤枉，爲天子耳目風紀之司。謂爲七卿，而吏、户、兵三部之權特重。洪、宣以降，閣體日尊，七卿遂爲附庸。南渡立國短促，備置七卿，雖新故乘除，有如弈碁，而十八年間忠直不阿者若而人，奸邪誤國者若而人，貪庸凡猥者若而人，表而列之，可以觀世變矣。

紀年	七卿除罷						
	吏部尚書	户部尚書	禮部尚書	兵部尚書	刑部尚書	工部尚書	左右都御史
威宗崇禎十七年甲申五月，安宗即位。	張慎言 六月罷。 徐石麒 六月任，九月罷。 張捷 十月任。	張有譽 七月任。	顧錫疇	史可法 掌部，尋出督師。 馬士英 掌部。 練國事 十二月任。	解學龍 十月任。	程　註 六月罷。 何應瑞 六月任。	劉宗周 任左。九月罷。 徐石麒 任右。六月調吏部。 李　沾 九月任左。
弘光元年乙酉閏六月，紹宗即位，爲隆武元年。	張　捷 五月卒。	張有譽	顧錫疇 二月罷。	練國事 二月卒。	解學龍 正月罷。	何應瑞 五月卒。	李　沾 五月降清。

郭維經　十月署行在。	余　瑊　九月任南京。			
何　楷　閏六月任。七月入閣。	熊明遇　七月任。八月罷。	姜一洪　八月任。	李長倩　九月任行在。	張鏡心　九月任南京。
陳子壯　三月任。	黃　錦　八月任。	文安之　九月任行在。	顧錫疇　九月任南京。	
阮大鋮　二月任。	張肯堂　閏六月任。	吳震交　九月左侍郎署行在。	邵輔忠　九月任南京。	
高　倬　二月任。五月卒。	葉廷桂　閏六月召，未至。	周應期　七月任。	李覺斯　十月任行在。	
林　宰　閏六月任。旋罷。	鄭　瑄　七月任。	葛寅亮　十月任行在。	賀世壽　九月任南京。	
唐世濟　正月任右。五月降清。	路振飛　閏六月任右。七月入閣。	何　楷　七月兼掌院。八月罷。	熊開元　十月兼行在。	何　楷　九月任左南京。

	隆武二年丙戌十月，昭宗即位。
張肯堂 十一月任，十二月調掌院福京。 曾 櫻 十二月兼署福京。	郭維經 三月外任行在。 余 瑊 南京。
	李長倩 行在。 張鏡心
曹學佺 十二月任福京。	文安之 行在。 顧錫疇
張肯堂 十一月調吏部福京。 郭必昌 十一月任福京。	吳震交 行在。 邵輔忠
周應期 福京。	李覺斯 行在。
鄭 瑄 福京。	葛寅亮 行在。 賀世壽
鄒之麟 九月任右南京。 張肯堂 十一月兼左。十二月掌院福京。	熊開元 行在。 何 楷 南京。 鄒之麟 南京。

		永曆元年丁亥
曾櫻　四月罷福京。	瞿式耜　十一月兼。	李若星　三月任。六月入閣。
姜一洪　福京。七月卒。	湯來賀　十一月任。	湯來賀　二月調兵部。
曹學佺　福京。九月卒。	吳炳　十一月任。	吳炳　二月入閣。
郭必昌　福京。九月降清。	王化澄　十二月任。	湯來賀　二月任。
周應期　福京。三月罷。	黃日昌　十月任。	黃日昌　正月罷。
鄭瑄　福京。九月降清。	井濟　十月任。十一月罷。 晏日曙　十一月任。	晏日曙　三月入閣。
張肯堂　福京。三月外任。 鍾炌　三月任左福京。 曾櫻　三月兼右福京。	周光夏　十一月任左。	周光夏　三月調工部。

	侯偉時 六月右侍郎署。八月卒。 瞿式耜 九月兼。	何三省 二月任。四月罷。 嚴起恒 五月任。罷。 童天閎 五月任。	晏日曙 六月兼。	傅作霖 三月任。八月卒。 王化澄 八月任，十月入閣。 蕭　琦 十一月任。	于元燁 正月任。三月罷。 劉遠生 三月任。	周光夏 三月任。	吴　璟 三月任左。 湯來賀 二月兼右。 蕭　琦 十一月兼掌院。
永曆二年戊子	嚴起恒 三月兼。四月罷。 晏　清 四月任。	童天閎 七月罷。 吴貞毓 十月任。	黄奇遇 三月任。七月罷。 王化澄 八月兼。罷。	蕭　琦 三月罷。 黄奇遇 三月兼。	劉遠生 十月改兵部、協戎政。 毛毓祥 十一月任。	周光夏 四月罷。 佟養甲 四月任。八月外任。	蕭　琦 三月罷。 吴　璟 九月調禮部。

	永曆三年己丑
	晏　清
	吳貞毓
吳　璟 九月任。	吳　璟 六月罷。 黃奇遇 六月任。十一月外任。 郭之奇 十一月任。
曹　燁 三月任。	曹　燁 十月罷。 鄭逢玄 十月任。調院。 李陳玉 十月任。十二月罷。 黃公輔 十二月任。
	毛毓祥
耿獻忠 十二月任。	耿獻忠 十二月罷。
袁彭年 八月任左掌院。 潘世奇 八月任右。	袁彭年 六月罷。 潘世奇 正月卒。 鄭逢玄 十月任左。罷。 余文熠 二月任右。

永曆四年 庚寅	晏　清 五月罷。 張佐辰 五月右侍郎署。	吳貞毓	郭之奇	黃公輔 五月罷。 萬　翺 五月任。十月罷。 萬年策 十二月任。 魯可藻 三月任南京。	毛毓祥 五月罷。 童天閎 五月任。十一月降清。 吳弘業 十二月任。	江振鵬 正月右侍郎署。閏十一月卒。	吳璟 八月任左掌院。 余文熠
永曆五年 辛卯	張佐辰	吳貞毓 二月入閣。 馬天驥 二月任。十二月罷。	郭之奇 二月入閣。 趙　昱 三月任。	馬天驥 四月外任。 馬吉翔 四月任。十月入閣。	吳弘業	尹三聘 正月任。	喻思慥 正月任左。卒。 余文熠 四月調左。八月降清。

				馬　驥 十月兼。十二月罷。			
永曆六年壬辰	張佐辰 十月罷。 范　鑛 十一月任。		趙　昱	吴　獻 正月任。	吴弘業 十月卒。 尹三聘 十月任。	尹三聘 十月調刑部。	
永曆七年癸巳	范　鑛		趙　昱 十二月卒。	吴　獻 十二月罷。	尹三聘		
永曆八年甲午	范　鑛 九月卒。九月任。 張佐辰	孫　順 正月任。	扶　綱 正月任。	方端士 正月右侍郎署。三月入閣。	尹三聘		
永曆九年乙未	張佐辰	孫　順	扶　綱	孫　順 三月兼。	尹三聘		

永曆十年丙申	張佐辰 三月入閣。 金維新 三月右侍郎署。	孫　順 二月調兵部。 龔　彝 四月任。	扶　綱 三月入閣。 鄭逢玄 八月任。	孫　順 二月任。	尹三聘 三月罷。 鄭逢玄 八月兼。	王應龍 三月任。	金維新 三月兼左。
永曆十一年丁酉	金維新	龔　彝 十二月罷。	鄭逢玄 十二月罷。	孫　順	鄭逢玄 十二月罷。	王應龍	金維新
永曆十二年戊戌	金維新 十一月罷。 鄧士廉 十二月任。	孫　順 正月任。	程　源 三月任。	孫　順 十一月罷。 鄧士廉 十二月兼。罷。	尹三聘 正月任。	王應龍	金維新 錢邦芑 正月任右掌院。
永曆十三年己亥	鄧士廉	孫　順 三月降清。	程　源	齊　環 正月任。	尹三聘	王應龍 閏正月卒。	金維新 二月卒。 錢邦芑

永曆十四年庚子	鄧士廉 十月入閣。		楊在 正月左侍郎署。十月入閣。王祖望 十月右侍郎署。				
永曆十五年辛丑			王祖望				
弘光元年乙酉閏六月，魯王監國。	朱兆柏 七月任。八月罷。章正宸 八月任。	李白春	朱兆柏 七月調吏部。陳盟 七月任。十月入閣。陳函輝 十月兼。十二月罷。	張國維 八月管部事。陳函輝 九月任。入閣。	蘇壯	徐人龍 十月罷。	李之椿 任左。

監國魯元年丙戌	章正宸 二月外任。 李白春 二月任。罷。 余　煌 三月任。六月卒。	李白春 二月調吏部。 王夢錫 二月任。 朱常淓 六月任。	王思任 正月任。六月卒。	余　煌 正月任。三月調吏部。 王夢錫 三月兼。	蘇　壯 六月降清。	張文郁 正月任。	李之椿 三月外任。
監國魯二年丁亥	劉沂春 十月任。	林正亨 十月任。	吳鍾巒 十月任。	鄭　彩 正月署。六月罷。 錢肅樂 六月任。	朱永祐 七月左侍郎署。	沈宸荃 十月任。	余　颺 十月任左。 吳鍾巒 十月兼右。
監國魯三年戊子	劉沂春 十月入閣。 朱永祐 十月兼。	林正亨 八月卒。	吳鍾巒	錢肅樂 二月入閣。 林　鉉 二月任。	朱永祐	沈宸荃 十月入閣。 朱永祐 十月兼。	余　颺 吳鍾巒

監國魯四年己丑	朱永祐	陳君平 正月任。九月罷。 孫延齡 十月任。	吳鍾巒	林　鉉 九月罷。 李向中 十月任。	朱永祐	朱永祐 十月任。	余　颺 十月罷。 李向中 十月兼掌院。
監國魯五年庚寅	朱永祐	孫延齡	吳鍾巒	李向中		朱永祐	李向中 吳鍾巒 兼。
監國魯六年辛卯	朱永祐	孫延齡	吳鍾巒 九月卒。	李向中 九月卒。		朱永祐 九月卒。	李向中 吳鍾巒